Mediterrane Küche Kochbuch

Leckere und einfache Rezepte für die Mittelmeerdiät. Erlebe die köstliche Vielfalt der Mittelmeerküche und steigere dein Wohlbefinden.

Nina Vogt

Mediterrane Küche Kochbuch

Leckere und einfache Rezepte für die Mittelmeerdiät. Erlebe die köstliche Vielfalt der Mittelmeerküche und steigere dein Wohlbefinden.

Nina Vogt

Bibliografische Information der Deutschen Nationalbibliothek:
Die Deutsche Nationalbibliothek verzeichnet diese Publikation in der
Deutschen Nationalbibliografie; detaillierte bibliografische Daten sind im
Internet über http://dnb.dnb.de abrufbar.

Herstellung und Verlag:
BoD – Books on Demand, Norderstedt

ISBN: 9783757860400

Inhalt

Vorwort 9

Hinweis zu den Rezepten 10

Suppen 11

Toskanische Tomatensuppe 11

Safran-Muschelsuppe 12

Zitronen-Knoblauch-Hühnersuppe.. 13

Mediterrane Gemüsesuppe mit Orzo 14

Leichte Spinat-Kichererbsensuppe 15

Zucchini-Suppe mit Feta.. 16

Cremige Polenta-Suppe... 17

Portugiesische Bohnensuppe mit Chorizo................................. 18

Schnelle Artischockensuppe 19

Mallorquinische Mandelsuppe 20

Salate 21

Mediterraner Quinoasalat.. 21

Griechischer Bauernsalat 22

Salat der Provence mit Lavendel-Dressing 23

Spanischer Orangensalat.. 24

Fenchel-Apfel-Salat à la Toscana.. 25

Italienischer Bohnensalat... 26

Auberginensalat mit Tahini... 27

Türkischer Couscous-Salat 28

Frischer Kräutersalat mit Pinienkernen 29

Katalanischer Mangold-Salat 30

Bunter Paprika-Oliven-Salat 31

Fisch- und Meeresfrüchte 32

Garnelen-Spaghetti Aglio e Olio 32

Gebratene Dorade mit Oliven 33

Thunfischsteak auf sizilianische Art 34

Muscheln in Weißweinsoße 35

Mediterrane Sardinenpfanne 36

Griechische Tintenfischringe mit Tsatsiki 37

Französischer Fischeintopf (Bouillabaisse) 38

Gegrillter Lachs mit Fenchel 39

Gebackene Forelle mit Mandeln 40

Garnelen-Pilz-Risotto 41

Rind- und Schweinefleischgerichte **42**

Schweinebraten auf andalusische Art 42

Osso Buco auf Mailänder Art 43

Gegrillte Lammkoteletts mit Kräuterkruste 44

Portugiesisches Rindersteak 45

Lammragout 46

Spanisches Schweinefleisch mit Mandelsoße 47

Rindergulasch auf sizilianische Art 48

Marokkanisches Lamm mit Datteln 49

Rinderhackbällchen mit Tomatensoße 50

Mediterraner Schweinebraten 51

Gegrilltes Lamm 52

Rinderrouladen mit Oliven und Kapern 53

Spanische Fleischbällchen 54

Schweinefilet mit Zitronen-Knoblauchsoße 55

Geflügelgerichte **56**

Toskanisches Zitronen-Hähnchen 56

Andalusisches Hähnchengulasch 57

Gebratene Wachtel mit Trauben 58

Mediterrane Putenrouladen 59

Griechische Hähnchenpfanne mit Ouzo 60

Spanisches Hähnchen 61

Knusprige Ente mit Orangensauce 62

Französisches Zwiebel-Hähnchen 63

Marokkanische Hähnchentajine 64

Pollo alla Romana 65

Grillhähnchen mit Lavendel-Marinade 66

Hähnchen in Sherrysoße 67

Türkisches Hähnchen mit Aprikosen und Mandeln 68

Snacks und Vorspeisen 69

Bruschetta mit Tomaten und Basilikum 69

Gefüllte Weinblätter (Dolmades) 70

Spanische Tortilla mit Kartoffeln 71

Marokkanische Linsenbällchen 72

Crostini mit Oliven-Tapenade 73

Artischocken mit Aioli 74

Parmesan-Knoblauch-Garnelen 75

Hummus mit sonnengetrockneten Tomaten 76

Mediterrane Käseplatte 77

Spanische Chorizo in Rotwein 78

Tomaten-Tarte mit Ziegenkäse 79

Feta-Gemüse-Spieße 80

Italienische Calamari 81

Desserts 82

Tiramisu al Limone 82

Spanischer Mandelkuchen 83

Griechischer Joghurt mit Honig und Walnüssen 84

Panna Cotta mit Orangenblütenwasser 85

Mediterrane Beeren-Tarte 86

Italienische Cannoli 87

Türkischer Mohnkuchen 88

Marokkanische Dattelkekse...................................... 89

Französischer Lavendelkuchen 90

Baklava mit Pistazien 91

Vegan 92

Gebratene Auberginen mit Tomatensoße.................. 92

Vegane Paella mit Saisonalem Gemüse 93

Veganer Moussaka 94

Gemüsetajine mit Couscous 95

Zucchininudeln mit Avocado-Pesto 96

Knoblauch-Pilz-Risotto.. 97

Gefüllte Paprika mit Quinoa und Pinienkernen 98

Tomaten-Oliven-Focaccia... 99

Bohneneintopf mit Salbei.. 100

Veganer Schokoladenkuchen 101

Getränke und Cocktails.. 102

Spanischer Sangria mit frischen Früchten 102

Mediterraner Mojito 103

Zitronen-Basilikum Limonade.................................. 104

Griechischer Frappé... 105

Französischer Lavendel-Cocktail............................... 106

Türkischer Apfeltee mit Zimt 107

Marokkanischer Minztee... 108

Spanischer Calimocho (Rotwein mit Cola) 109

Griechischer Ouzo 110

Italienischer Negroni... 111

Schlusswort 112

Vorwort

Liebe Leserin, lieber Leser,

mit großer Freude lade ich dich ein, die wunderbare Vielfalt der mediterranen Küche kennenzulernen. Hier erwartet dich eine Auswahl an Rezepten, die den wahren Geschmack des Mittelmeers einfangen - mit Aromen, die nicht nur deine Geschmacksknospen verwöhnen, sondern auch eine jahrhundertelange Tradition der gesunden Ernährung widerspiegeln.

Die mediterrane Ernährung ist nicht nur lecker, sondern auch bekannt für ihre gesundheitlichen Vorteile. Olivenöl, frisches Gemüse, Meeresfrüchte, Hülsenfrüchte und Kräuter stehen im Mittelpunkt dieser Ernährungsweise. Sie verzichtet weitgehend auf verarbeitete Lebensmittel und legt den Fokus auf frische, natürliche Zutaten.

Es ist faszinierend, wie die mediterrane Küche sowohl einfache als auch exquisite Gerichte hervorbringt. Mit den Rezepten in diesem Buch lade ich dich ein, den traditionellen Geschmack des Mittelmeers kennenzulernen und dich dazu inspirieren zu lassen, eigene Variationen dieser Gerichte zu kreieren.

Denke daran, dass das Geheimnis der mediterranen Küche nicht nur in den Zutaten liegt, sondern auch in der Liebe und Sorgfalt, mit der sie zubereitet werden. Beginne schon beim Einkaufen damit, indem du auf frische, saisonale und lokale Produkte setzt. Und indem du diese Zutaten in köstliche Gerichte verwandelst, sorgst du dafür, dass gesundes Essen zum Genuss wird.

Ich wünsche dir viel Freude beim Nachkochen der Rezepte!

Freundliche Grüße

Deine Nina Vogt

Hinweis zu den Rezepten

Du wirst feststellen, dass in diesem Buch keine Bilder zu finden sind. Das mag auf den ersten Blick ungewöhnlich erscheinen, aber ich habe mich aus mehreren Gründen dazu entschieden.

Das erste und wichtigste Argument ist die Kreativität. In einem Bild festgelegte Darstellungen von Gerichten können manchmal einschränkend wirken. Sie legen eine bestimmte Präsentation fest, einen „richtigen" Weg, wie das Gericht aussehen sollte. Doch ich möchte, dass du dich frei fühlst, deine eigenen Vorstellungen und kreativen Ideen zu verwirklichen. Jedes Gericht, das du zubereitest, ist ein Ausdruck deiner Persönlichkeit und Kreativität. Es gibt kein richtig oder falsch, wenn es um die Präsentation geht.

Des Weiteren hat jeder von uns einen anderen Geschmack und verschiedene Vorlieben. Was für mich lecker aussieht, sieht für dich vielleicht anders aus. Indem ich auf Bilder verzichte, lade ich dich dazu ein, dein eigenes Bild von leckerem Essen zu erschaffen. Ich möchte, dass du deine eigene Vorstellung von dem, was dir schmeckt und was dir guttut, entwickelst.

Letztendlich geht es mir darum, den Fokus auf das Wesentliche zu lenken – die Inhaltsstoffe und die Zubereitung. Mit jedem Rezept lernst du neue Zutaten und Techniken kennen, mit denen du dein kulinarisches Wissen erweitern kannst. Anstatt dir ein fertiges Bild zu präsentieren, möchte ich dir Anleitungen an die Hand geben, damit du deine eigenen kulinarischen Meisterwerke kreieren kannst.

Ich hoffe, dass dieses Kochbuch dir dabei hilft, neue Geschmacksrichtungen zu entdecken, deine Kochfähigkeiten zu verbessern und Spaß in der Küche zu haben. Lass dich nicht von der Abwesenheit von Bildern entmutigen – lass stattdessen deiner Fantasie freien Lauf und schaffe deine eigenen kulinarischen Kunstwerke!

Suppen

Toskanische Tomatensuppe

Zubereitungszeit: 30 Minuten
Portionen: 1 Person

Zutaten:

- 2 Tomaten, gewürfelt
- 1 kleine Zwiebel, fein gehackt
- 1 Knoblauchzehe, fein gehackt
- 2 EL natives Olivenöl extra
- 300 ml Gemüsebrühe
- 1 EL Tomatenmark
- 1 TL frisches Basilikum, fein gehackt
- 1 TL Oregano, getrocknet
- Salz und Pfeffer nach Geschmack
- 1 EL frisch geriebenen Parmesan
- 2 EL Sahne

Zubereitung:

1. In einem Topf das Olivenöl erhitzen und die Zwiebel und den Knoblauch darin anbraten, bis sie glasig sind.

2. Die gewürfelten Tomaten, Tomatenmark, Basilikum, Oregano, Salz und Pfeffer hinzufügen und kurz mitbraten.

3. Die Gemüsebrühe angießen und auf mittlerer Hitze 15 Minuten köcheln lassen.

4. Die Suppe mit einem Stabmixer pürieren, bis sie cremig ist.

5. Sahne einrühren und nochmals erhitzen, aber nicht kochen lassen.

6. In eine Schüssel füllen und mit dem frisch geriebenen Parmesan bestreuen.

Safran-Muschelsuppe

Zubereitungszeit: 30 Minuten
Portionen: 1 Person

Zutaten:

- 100 g frische Miesmuscheln, gereinigt und gewaschen
- 1 EL natives Olivenöl extra
- 1 kleine Zwiebel, fein gehackt
- 1 Knoblauchzehe, fein gehackt
- 50 ml trockener Weißwein
- 200 ml Gemüsebrühe
- 1 TL Safranfäden, eingeweicht in 2 EL heißem Wasser
- 1 Tomate, gewürfelt
- 1 EL frische Petersilie, fein gehackt
- Salz und Pfeffer nach Geschmack

Zubereitung:

1. In einem mittelgroßen Topf das Olivenöl erhitzen. Die Zwiebel und den Knoblauch darin anbraten, bis sie weich und goldbraun sind.
2. Muscheln, Weißwein und die Gemüsebrühe hinzufügen. Deckel auflegen und 5 Minuten köcheln lassen, bis sich die Muscheln öffnen.
3. Die Safranfäden mit dem Wasser, die Tomate und die Petersilie hinzugeben. Weiter köcheln lassen, bis alles gut durchgewärmt ist.
4. In einen tiefen Teller geben und mit Salz und Pfeffer abschmecken.

Zitronen-Knoblauch-Hühnersuppe

Zubereitungszeit: 30 Minuten
Portionen: 1 Person

Zutaten:

- 150 g Hühnerbrust, in Würfel geschnitten
- 1 kleine Bio-Zitrone, Saft und Schale
- 2 Knoblauchzehen, fein gehackt
- 1 kleine Zwiebel, gewürfelt
- 500 ml Hühnerbrühe
- 2 EL natives Olivenöl extra
- 1 TL getrockneter Oregano
- 1 TL getrockneter Thymian
- Salz und Pfeffer nach Geschmack
- 2 EL frische Petersilie, gehackt

Zubereitung:

1. In einem Topf das Olivenöl erhitzen und die Zwiebel und den Knoblauch darin glasig dünsten.

2. Hühnerbrust dazugeben und rundherum anbraten, bis sie leicht gebräunt ist.

3. Zitronensaft, Zitronenschale, Oregano, Thymian, Salz und Pfeffer hinzufügen und gut vermengen.

4. Mit der Hühnerbrühe ablöschen und zum Kochen bringen.

5. Die Hitze reduzieren und 20 Minuten köcheln lassen, bis das Hähnchen gar ist.

6. Die Suppe vom Herd nehmen und mit frischer Petersilie bestreuen.

Mediterrane Gemüsesuppe mit Orzo

Zubereitungszeit: 25 Minuten
Portionen: 1 Person

Zutaten:

- 50 g Orzo, ungekocht
- 150 ml Gemüsebrühe
- 1 kleine Tomate, gewürfelt
- 1 kleine Zucchini, gewürfelt
- 1 kleine Möhre, fein geschnitten
- 1 EL natives Olivenöl extra
- 1 kleine Schalotte, fein gehackt
- 1 kleine Knoblauchzehe, fein gehackt
- 1 TL frischer Oregano, gehackt
- 1 TL frischer Basilikum, gehackt
- 1 EL frischer Bio-Zitronensaft
- Salz und Pfeffer nach Geschmack

Zubereitung:

1. Erhitze das Olivenöl in einem kleinen Topf und dünste die Schalotte und den Knoblauch darin an, bis sie glasig sind.

2. Füge die Zucchini, die Möhre und die Tomate hinzu und brate sie für etwa 5 Minuten an.

3. Gib den Orzo, die Gemüsebrühe, den Oregano und den Basilikum hinzu und lasse die Suppe bei mittlerer Hitze 10 Minuten köcheln, bis der Orzo gar ist.

4. Verfeinere die Suppe mit frischem Zitronensaft und schmecke mit Salz und Pfeffer ab.

Leichte Spinat-Kichererbsensuppe

Zubereitungszeit: 30 Minuten
Portionen: 1 Person

Zutaten:

- 100 g frischer Spinat, gewaschen und grob gehackt
- 50 g Kichererbsen, gekocht
- 1 kleine Zwiebel, gewürfelt
- 1 kleine Tomate, gewürfelt
- 1 Knoblauchzehe, fein gehackt
- 500 ml Gemüsebrühe
- 2 EL natives Olivenöl extra
- 1 TL Kreuzkümmel
- 1 TL Paprikapulver
- Salz und Pfeffer nach Geschmack
- 1 EL frischer Bio-Zitronensaft
- 1 EL frischer Basilikum, fein gehackt

Zubereitung:

1. In einem Topf das Olivenöl erhitzen und die Zwiebeln darin glasig dünsten.
2. Knoblauch hinzugeben und kurz mitbraten.
3. Tomaten, Spinat und Kichererbsen zum Topf geben und unter Rühren einige Minuten kochen.
4. Mit Kreuzkümmel, Paprikapulver, Salz und Pfeffer würzen.
5. Gemüsebrühe hinzugießen und bei mittlerer Hitze 20 Minuten köcheln lassen.
6. Suppe leicht pürieren, so dass noch Stücke erhalten bleiben.
7. Mit Zitronensaft abschmecken und mit frischem Basilikum garnieren.

Zucchini-Suppe mit Feta

Zubereitungszeit: 30 Minuten
Portionen: 1 Person

Zutaten:

- 1 mittelgroße Zucchini, gewürfelt
- 50 g Feta-Käse, zerkrümelt
- 1 kleine Zwiebel, gewürfelt
- 1 Knoblauchzehe, fein gehackt
- 150 ml Hühner- oder Gemüsebrühe
- 1 EL natives Olivenöl extra
- 1 TL Thymian, frisch oder getrocknet
- 1 TL Oregano, frisch oder getrocknet
- Salz und Pfeffer nach Geschmack
- 1 EL frisch gepresster Bio-Zitronensaft
- 2 EL Sahne

Zubereitung:

1. Erhitze das Olivenöl in einem Topf und dünste die Zwiebel und den Knoblauch, bis sie glasig sind.

2. Füge die gewürfelte Zucchini hinzu und brate sie 5 Minuten an.

3. Gib den Thymian und Oregano dazu, rühre gut um und gieße die Brühe auf. Lass alles 15 Minuten köcheln.

4. Nimm den Topf vom Herd, püriere die Suppe mit einem Stabmixer und rühre die Sahne unter.

5. Schmecke mit Salz, Pfeffer und Zitronensaft ab.

6. Garniere die Suppe mit dem zerkrümelten Feta-Käse.

Cremige Polenta-Suppe

Zubereitungszeit: 25 Minuten
Portionen: 1 Person

Zutaten:

- 50 g Polenta, trocken
- 1 kleine Zwiebel, gewürfelt
- 1 kleine Karotte, gewürfelt
- 1 Knoblauchzehe, fein gehackt
- 200 ml Gemüsebrühe
- 50 ml Sahne
- 1 EL natives Olivenöl extra
- 1 TL frischer Thymian, fein gehackt
- 1 TL frischer Rosmarin, fein gehackt
- Salz und Pfeffer nach Geschmack
- 1 EL Parmesan, frisch gerieben

Zubereitung:

1. In einem mittelgroßen Topf das Olivenöl erhitzen, Zwiebel, Karotte und Knoblauch darin anbraten, bis sie weich sind.

2. Polenta, Thymian und Rosmarin hinzufügen und kurz mit den Gemüsen anschwitzen.

3. Gemüsebrühe in den Topf gießen, gut umrühren und auf mittlerer Hitze 10-15 Minuten köcheln lassen, dabei regelmäßig umrühren.

4. Sahne einrühren und weitere 5 Minuten kochen, bis die Suppe cremig wird. Mit Salz und Pfeffer abschmecken.

5. Die Suppe in eine Schüssel geben und mit frisch geriebenem Parmesan bestreuen.

Portugiesische Bohnensuppe mit Chorizo

Zubereitungszeit: 25 Minuten
Portionen: 1 Person

Zutaten:

- 75 g Chorizo, in dünne Scheiben geschnitten
- 1 kleine Kartoffel, geschält und gewürfelt
- 50 g weiße Bohnen, gekocht
- 1 kleine Zwiebel, fein gewürfelt
- 1 Knoblauchzehe, gehackt
- 200 ml Hühnerbrühe
- 1 TL Paprikapulver
- 2 EL natives Olivenöl extra
- Salz und Pfeffer nach Geschmack
- 1 EL frischer Koriander, gehackt
- 1 TL Bio-Zitronensaft

Zubereitung:

1. Erhitze das Olivenöl in einem Topf, und brate die Chorizo darin an, bis sie knusprig ist. Nimm sie heraus und lege sie beiseite.

2. In demselben Topf die Zwiebel und den Knoblauch anschwitzen, bis sie weich sind.

3. Die Kartoffelwürfel hinzufügen, mit Paprikapulver bestreuen, und 2 Minuten mitbraten.

4. Die Hühnerbrühe in den Topf gießen und zum Kochen bringen. Die Hitze reduzieren und die Kartoffeln 10 Minuten köcheln lassen.

5. Füge die Bohnen hinzu und koche weitere 5 Minuten, bis die Kartoffeln weich sind.

6. Mit Salz und Pfeffer abschmecken, dann die Chorizo wieder in den Topf geben und kurz erhitzen.

7. Vor dem Servieren mit frischem Koriander und Zitronensaft verfeinern.

Schnelle Artischockensuppe

Zubereitungszeit: 25 Minuten
Portionen: 1 Person

Zutaten:

- 1 frische Artischocke, geputzt und geviertelt
- 1/2 Zwiebel, gewürfelt
- 1 Knoblauchzehe, fein gehackt
- 2 EL natives Olivenöl extra
- 500 ml Gemüsebrühe
- 1 TL frischer Thymian, fein gehackt
- Salz und Pfeffer nach Geschmack
- 1 EL Bio-Zitronensaft
- 2 EL geriebener Parmesan

Zubereitung:

1. Erhitze das Olivenöl in einem Topf und dünste die Zwiebel und den Knoblauch darin an, bis sie glasig sind.
2. Füge die Artischockenviertel hinzu und brate sie kurz an.
3. Gieße die Gemüsebrühe dazu und lasse die Suppe aufkochen.
4. Füge den Thymian hinzu und lasse die Suppe auf niedriger Flamme 15 Minuten köcheln.
5. Püriere die Suppe mit einem Stabmixer bis zur gewünschten Konsistenz.
6. Schmecke die Suppe mit Salz, Pfeffer und Zitronensaft ab.
7. Gib die Suppe in eine Schüssel und streue den Parmesan darüber.

Mallorquinische Mandelsuppe

Zubereitungszeit: 25 Minuten
Portionen: 1 Person

Zutaten:

- 30 g Mandeln, grob gehackt
- 1 kleine Knoblauchzehe, fein gehackt
- 150 ml Gemüsebrühe
- 50 ml trockener Weißwein
- 1 EL natives Olivenöl extra
- 1/2 TL Safranfäden
- 1 Scheibe Weißbrot, in Würfel geschnitten
- Salz und Pfeffer, nach Geschmack

Zubereitung:

1. Erhitze das Olivenöl in einem Topf und füge die Mandeln hinzu. Brate sie leicht goldbraun an.

2. Füge den Knoblauch hinzu und dünste ihn mit den Mandeln für 1 Minute an.

3. Gieße den Weißwein dazu und lasse ihn kurz köcheln, um den Alkohol zu reduzieren.

4. Füge nun die Gemüsebrühe und die Safranfäden hinzu. Koche die Mischung bei niedriger Hitze für 10 Minuten.

5. In der Zwischenzeit röste die Weißbrotwürfel in einer Pfanne ohne Öl, bis sie knusprig sind.

6. Gib die Suppe in einen Mixer und püriere sie, bis sie glatt ist. Schmecke mit Salz und Pfeffer ab.

7. Gieße die Suppe in eine Schale und garniere mit den gerösteten Brotwürfeln.

Salate

Mediterraner Quinoasalat

Zubereitungszeit: 20 Minuten
Portionen: 1 Person

Zutaten:

- 50 g Quinoa, gewaschen
- 100 ml Gemüsebrühe
- 1 kleine Tomate, gewürfelt
- 1/2 kleine Gurke, gewürfelt
- 1 EL frische Minze, gehackt
- 1 EL natives Olivenöl extra
- 1 TL Bio-Zitronensaft, frisch gepresst
- Salz und Pfeffer, nach Geschmack
- 30 g Feta-Käse, zerkrümelt
- 5 g Pinienkerne, geröstet

Zubereitung:

1. Quinoa in einem kleinen Topf mit der Gemüsebrühe aufkochen lassen. Deckel auflegen und auf niedriger Hitze 15 Minuten köcheln lassen, bis das Quinoa gar ist. Danach abkühlen lassen.

2. Während der Quinoa kocht, die Tomate und Gurke würfeln, die Minze hacken und den Feta zerkrümeln.

3. Pinienkerne in einer Pfanne ohne Öl rösten, bis sie goldbraun sind. Dann zur Seite stellen.

4. Quinoa, Tomate, Gurke, Minze, Olivenöl und Zitronensaft in einer Schüssel vermengen. Mit Salz und Pfeffer abschmecken.

5. Den Salat auf einem Teller anrichten, mit dem zerkrümelten Feta bestreuen und die gerösteten Pinienkerne darüber geben.

Griechischer Bauernsalat

Zubereitungszeit: 15 Minuten
Portionen: 1 Person

Zutaten:

- 1 kleine Tomate, gewürfelt
- 1/2 kleine Gurke, gewürfelt
- 1/4 rote Zwiebel, in feine Ringe geschnitten
- 40 g Feta-Käse, zerbröckelt
- 10 g frische Petersilie, gehackt
- 1 TL frischer Oregano, gehackt
- 2 EL natives Olivenöl extra
- 1 EL Rotweinessig
- 5 entsteinte Kalamata-Oliven, halbiert
- Salz und Pfeffer nach Geschmack
- 1/4 Bio-Zitronenscheibe, zum Garnieren

Zubereitung:

1. Nimm eine große Schüssel und vermische Tomaten, Gurken, rote Zwiebel, Feta-Käse, Petersilie und Oliven miteinander.

2. Füge den gehackten Oregano, das Olivenöl und den Rotweinessig hinzu und würze mit Salz und Pfeffer nach Geschmack.

3. Mische alles vorsichtig, aber gründlich, damit die Zutaten gut mit dem Dressing überzogen sind.

4. Richte den Salat auf einem Teller an und garniere mit der Zitronenscheibe.

Salat der Provence mit Lavendel-Dressing

Zubereitungszeit: 15 Minuten
Portionen: 1 Person

Zutaten:

- 50 g gemischter Blattsalat, gewaschen und getrocknet
- 10 g frischer Lavendel, fein gehackt
- 5 Kirschtomaten, halbieren
- 50 g Feta-Käse, zerbröckelt
- 30 ml natives Olivenöl extra
- 1 EL Balsamico-Essig
- 1 TL Honig
- 1 TL Senf
- 1 TL getrockneter Oregano
- Salz und Pfeffer nach Geschmack

Zubereitung:

1. In einer kleinen Schüssel Olivenöl, Balsamico-Essig, Honig, Senf, gehackter Lavendel und Oregano vermischen. Mit Salz und Pfeffer abschmecken und beiseitestellen.

2. Gemischten Blattsalat auf einem Teller anrichten. Die halbierten Kirschtomaten darauf verteilen.

3. Den zerbröckelten Feta-Käse über den Salat streuen.

4. Das Lavendel-Dressing gleichmäßig über den Salat träufeln. Fertig.

Spanischer Orangensalat

Zubereitungszeit: 15 Minuten
Portionen: 1 Person

Zutaten:

- 1 große Bio-Orange, geschält und in dünne Scheiben geschnitten
- 10 grüne Oliven, entsteint und halbiert
- 1/2 kleine rote Zwiebel, fein geschnitten
- 1 EL frische Petersilie, gehackt
- 1 TL frischer Thymian, gehackt
- 30 ml natives Olivenöl extra
- 15 ml Bio-Zitronensaft
- Salz und Pfeffer nach Geschmack

Zubereitung:

1. Lege die Orangenscheiben in einer Schüssel oder auf einem Teller aus.

2. Streue die Oliven und die rote Zwiebel gleichmäßig über die Orangenscheiben.

3. In einer kleinen Schale mische das Olivenöl, den Zitronensaft, die Petersilie und den Thymian. Schmecke die Mischung mit Salz und Pfeffer ab.

4. Gieße die Dressing-Mischung über den Orangensalat.

5. Lass den Salat für etwa 10 Minuten ziehen.

6. Vor dem Verzehr leicht umrühren, um sicherzustellen, dass alles gut bedeckt ist.

Fenchel-Apfel-Salat à la Toscana

Zubereitungszeit: 15 Minuten
Portionen: 1 Person

Zutaten:

- 1 kleiner Fenchel, dünn geschnitten
- 1 frischer Apfel (z.B. Granny Smith), in feine Scheiben geschnitten
- 50 g Rucola, gewaschen
- 10 g frischer Basilikum, fein gehackt
- 30 ml natives Olivenöl extra
- 15 ml frisch gepresster Bio-Zitronensaft
- Salz und frisch gemahlener Pfeffer nach Geschmack
- 15 g Parmesan, frisch gerieben
- 5 g Pinienkerne, leicht geröstet

Zubereitung:

1. In einer großen Schüssel den Fenchel, den Apfel, den Rucola und den Basilikum vermengen.
2. In einer kleinen Schüssel Olivenöl, Zitronensaft, Salz und Pfeffer zu einem Dressing verrühren.
3. Das Dressing über den Salat gießen und alles gut durchmischen.
4. Den Salat auf einem Teller anrichten, mit Parmesan bestreuen und die Pinienkerne darüber streuen.

Italienischer Bohnensalat

Zubereitungszeit: 15 Minuten
Portionen: 1 Person

Zutaten:

- 100 g grüne Bohnen, geputzt und halbiert
- 50 g Kirschtomaten, halbiert
- 30 g Pecorino-Käse, in dünnen Scheiben
- 1 EL natives Olivenöl extra
- 1 TL Balsamico-Essig
- 1 kleine Schalotte, fein gehackt
- 2 Basilikumblätter, gehackt
- 1/2 TL Meersalz
- 1/2 TL frisch gemahlener schwarzer Pfeffer

Zubereitung:

1. Die Bohnen in kochendem Salzwasser etwa 4 Minuten blanchieren, bis sie gerade weich sind, dann in eiskaltem Wasser abschrecken und abtropfen lassen.

2. In einer Schüssel die Kirschtomaten, Pecorino, Schalotte und Basilikum mit den abgetropften Bohnen vermengen.

3. Olivenöl und Balsamico-Essig über den Salat träufeln, salzen und pfeffern und alles gut vermischen.

4. Den Salat auf einem Teller anrichten und servieren.

Auberginensalat mit Tahini

Zubereitungszeit: 20 Minuten
Portionen: 1 Person

Zutaten:

- 1 mittelgroße Aubergine, gewaschen und in Scheiben geschnitten
- 2 EL natives Olivenöl extra
- 1 EL Tahini (Sesampaste)
- 1 kleine Tomate, gewürfelt
- 1 kleine rote Zwiebel, fein gehackt
- 1 kleine Knoblauchzehe, zerdrückt
- Saft von 1/2 Bio-Zitrone
- 5 g frischer Basilikum, gehackt
- Salz und Pfeffer nach Geschmack
- 1 EL Petersilie, gehackt, zum Garnieren

Zubereitung:

1. Heize deinen Grill auf mittlere Hitze vor. Bestreiche die Auberginenscheiben mit Olivenöl und grille sie 5 Minuten auf jeder Seite, bis sie weich und leicht goldbraun sind.

2. In einer kleinen Schüssel, mische das Tahini, den Zitronensaft und den Knoblauch. Schmecke mit Salz und Pfeffer ab.

3. Lege die gegrillten Auberginenscheiben auf einen Teller und bestreiche sie mit der Tahini-Mischung.

4. Verteile die Tomatenwürfel und gehackte rote Zwiebel über die Auberginenscheiben.

5. Bestreue mit dem frischen Basilikum und garniere mit der gehackten Petersilie.

Türkischer Couscous-Salat

Zubereitungszeit: 20 Minuten
Portionen: 1 Person

Zutaten:

- 50 g Couscous, grob
- 150 ml Gemüsebrühe, heiß
- 1 kleine Tomate, gewürfelt
- 1 kleine Gurke, gewürfelt
- 2 EL frische Petersilie, fein gehackt
- 2 EL frische Minze, fein gehackt
- 1 EL natives Olivenöl extra
- 1 EL Bio-Zitronensaft, frisch gepresst
- 1 TL Kreuzkümmel, gemahlen
- Salz und Pfeffer nach Geschmack

Zubereitung:

1. Gieße den Couscous in eine Schüssel und übergieße ihn mit der heißen Gemüsebrühe. Decke die Schüssel ab und lasse den Couscous 5 Minuten quellen.

2. Lockere den Couscous mit einer Gabel auf und lasse ihn kurz abkühlen.

3. Füge die Tomate, Gurke, Petersilie und Minze hinzu.

4. In einer kleinen Schüssel das Olivenöl, Zitronensaft, Kreuzkümmel, Salz und Pfeffer vermischen.

5. Gieße die Dressing-Mischung über den Couscous und die Gemüse und mische alles gut durch.

6. Lasse den Salat für etwa 10 Minuten ziehen. Guten Appetit.

Frischer Kräutersalat mit Pinienkernen

Zubereitungszeit: 15 Minuten
Portionen: 1 Person

Zutaten:

- 50 g gemischte frische Kräuter (Basilikum, Petersilie, Dill, fein gehackt)
- 20 g Pinienkerne, geröstet
- 50 g Kirschtomaten, halbiert
- 30 g Feta, zerbröselt
- 1 EL natives Olivenöl extra
- 1 TL Bio-Zitronensaft
- 1 TL Honig
- Salz und Pfeffer nach Geschmack

Zubereitung:

1. In einer großen Schüssel die gehackten Kräuter, Pinienkerne, halbierte Kirschtomaten und zerbröselten Feta vermengen.

2. In einer kleinen Schüssel Olivenöl, Zitronensaft, Honig, Salz und Pfeffer zu einem Dressing verrühren.

3. Das Dressing über den Salat gießen und alles gut vermischen, bis die Zutaten gleichmäßig bedeckt sind.

Katalanischer Mangold-Salat

Zubereitungszeit: 15 Minuten
Portionen: 1 Person

Zutaten:

- 100 g Mangold, gewaschen und grob gehackt
- 50 g Kirschtomaten, halbiert
- 1 kleine rote Zwiebel, fein geschnitten
- 50 g Feta, zerkrümelt
- 20 ml natives Olivenöl extra
- 1 EL Balsamico-Essig
- 1 TL Honig
- Salz und Pfeffer zum Abschmecken
- 10 g Pinienkerne, geröstet
- 1 kleine Knoblauchzehe, fein gehackt
- 1 TL frische Minze, fein gehackt

Zubereitung:

1. In einer Pfanne das Olivenöl erhitzen und die Knoblauchzehe darin kurz anbraten, bis sie duftet. Den Mangold hinzufügen und etwa 2 Minuten unter Rühren anbraten, bis er leicht welk ist. Aus der Pfanne nehmen und abkühlen lassen.

2. In einer Schüssel die Kirschtomaten, rote Zwiebel, Feta und Mangold vermengen.

3. In einer kleinen Schüssel Olivenöl, Balsamico-Essig, Honig, Salz und Pfeffer vermischen, um das Dressing herzustellen.

4. Das Dressing über den Salat gießen und vorsichtig vermischen, bis alles gut überzogen ist.

5. Den Salat auf einem Teller anrichten, mit den gerösteten Pinienkernen und frischer Minze bestreuen.

Bunter Paprika-Oliven-Salat

Zubereitungszeit: 15 Minuten
Portionen: 1 Person

Zutaten:

- 1 gelbe Paprika, gewaschen und gewürfelt
- 1 rote Paprika, gewaschen und gewürfelt
- 50 g grüne Oliven, entsteint und halbiert
- 10 g frische Petersilie, fein gehackt
- 1 EL natives Olivenöl extra
- 1 TL Balsamico-Essig
- 1 kleine rote Zwiebel, in feine Scheiben geschnitten
- Salz und Pfeffer nach Belieben
- 30 g Feta-Käse, zerbröckelt

Zubereitung:

1. In einer großen Schüssel gelbe und rote Paprika, Oliven und rote Zwiebelscheiben mischen.
2. In einer kleinen Schüssel Olivenöl, Balsamico-Essig, Salz und Pfeffer vermengen, bis eine Vinaigrette entsteht.
3. Die Vinaigrette über den Salat gießen und gut durchmischen.
4. Den Feta-Käse und die gehackte Petersilie über den Salat streuen. Fertig.

Fisch- und Meeresfrüchte

Garnelen-Spaghetti Aglio e Olio

Zubereitungszeit: 20 Minuten
Portionen: 1 Person

Zutaten:

- 100 g Spaghetti
- 6 große Garnelen, geschält und entdarmt
- 2 Knoblauchzehen, fein gehackt
- 1 kleine Chilischote, entkernt und in dünne Ringe geschnitten
- 4 EL natives Olivenöl extra
- 1 EL frischer Petersilie, fein gehackt
- 1 TL Bio-Zitronensaft
- Salz und frisch gemahlener schwarzer Pfeffer

Zubereitung:

1. Koche die Spaghetti in Salzwasser nach Packungsanweisung al dente.

2. Erhitze währenddessen das Olivenöl in einer großen Pfanne bei mittlerer Hitze. Füge den Knoblauch und die Chiliringe hinzu und brate sie kurz an, bis sie duftend sind.

3. Gib die Garnelen dazu und brate sie 2-3 Minuten von jeder Seite, bis sie rosa sind.

4. Gieße die Spaghetti ab und hebe sie unter die Garnelen in der Pfanne.

5. Schmecke mit Salz, Pfeffer und Zitronensaft ab, und gib die Petersilie dazu. Vermenge alles gut miteinander.

6. Serviere die Spaghetti garniert mit einem kleinen Zweig Petersilie.

Gebratene Dorade mit Oliven

Zubereitungszeit: 25 Minuten
Portionen: 1 Person

Zutaten:

- 1 frische Dorade, ausgenommen und geschuppt
- 50 g schwarze Oliven, entsteint und halbiert
- 2 EL natives Olivenöl extra
- 1 TL Oregano, getrocknet
- 1 TL Thymian, getrocknet
- 1 Knoblauchzehe, fein gehackt
- 1 kleine Tomate, gewürfelt
- 1 kleine Bio-Zitrone, halbiert
- Salz und Pfeffer nach Geschmack
- 50 ml trockener Weißwein
- 1 EL Petersilie, frisch gehackt

Zubereitung:

1. Die Dorade unter fließendem Wasser abspülen und trocken tupfen. Mit Salz und Pfeffer einreiben.

2. In einer Pfanne das Olivenöl erhitzen und die Dorade darin bei mittlerer Hitze von beiden Seiten goldbraun anbraten.

3. Oliven, Oregano, Thymian und Knoblauch dazugeben und 1 Minute mitbraten.

4. Tomate und Zitronenhälften dazugeben und mit Weißwein ablöschen.

5. Die Pfanne mit einem Deckel abdecken und die Dorade bei niedriger Hitze etwa 10 Minuten garen, bis sie gar ist.

6. Die gebratene Dorade auf einen Teller legen, die Oliven und Tomaten darüber verteilen und mit gehackter Petersilie garnieren.

Thunfischsteak auf sizilianische Art

Zubereitungszeit: 25 Minuten
Portionen: 1 Person

Zutaten:

- 150 g Thunfischsteak, frisch
- 2 EL natives Olivenöl extra
- 1 Knoblauchzehe, fein gehackt
- 5 Cherrytomaten, halbiert
- 1 EL Kapern, abgetropft
- 50 ml trockener Weißwein
- 1 TL frische Oregano Blätter, gehackt
- 1 TL frische Petersilie, gehackt
- Salz und Pfeffer, nach Geschmack

Zubereitung:

1. Erhitze 1 EL Olivenöl in einer Pfanne bei mittlerer Hitze. Füge den Knoblauch hinzu und brate ihn leicht an, bis er duftet.

2. Füge die Cherrytomaten und Kapern hinzu und koche sie 2 Minuten. Gieße den Weißwein dazu und lasse die Sauce 5 Minuten köcheln, bis sie leicht eindickt.

3. Würze die Sauce mit Oregano, Salz und Pfeffer, nimm sie von der Hitze und stelle sie beiseite.

4. Erhitze den restlichen EL Olivenöl in einer Grillpfanne bei starker Hitze. Würze das Thunfischsteak mit Salz und Pfeffer und brate es 1-2 Minuten auf jeder Seite, je nach Dicke und gewünschtem Gargrad.

5. Gib das Steak auf einen warmen Teller, gieße die sizilianische Sauce darüber und garniere mit der frischen Petersilie.

Muscheln in Weißweinsoße

Zubereitungszeit: 25 Minuten
Portionen: 1 Person

Zutaten:

- 500 g Miesmuscheln, gereinigt und entbartet
- 150 ml trockener Weißwein
- 2 EL natives Olivenöl extra
- 1 kleine Schalotte, fein gehackt
- 2 Knoblauchzehen, fein gehackt
- 2 TL Tomatenmark
- 2 EL frischer Basilikum, gehackt
- 2 EL frischer Oregano, gehackt
- Salz und Pfeffer, nach Geschmack
- 1 Prise Chiliflocken
- 1 EL Bio-Zitronensaft

Zubereitung:

1. Erhitze das Olivenöl in einem großen Topf über mittlerer Hitze. Füge die Schalotte und den Knoblauch hinzu und dünste sie glasig.

2. Füge das Tomatenmark, Basilikum, Oregano und die Chiliflocken hinzu und rühre gut um.

3. Gieße den Weißwein hinein und lasse die Flüssigkeit aufkochen. Reduziere die Hitze und lasse sie 5 Minuten köcheln.

4. Gib die Muscheln in den Topf, decke ihn ab und lasse alles 5-7 Minuten kochen, bis sich die Muscheln geöffnet haben. Entferne unbedingt alle Muscheln, die sich nicht geöffnet haben.

5. Würze mit Salz, Pfeffer und Zitronensaft, und garniere mit etwas frischem Basilikum.

6. Serviere die Muscheln mit der Weißweinsoße.

Mediterrane Sardinenpfanne

Zubereitungszeit: 20 Minuten
Portionen: 1 Person

Zutaten:

- 3 frische Sardinen, ausgenommen und gesäubert
- 1 Tomate, gewürfelt
- 1 kleine Zucchini, in Scheiben geschnitten
- 1 EL natives Olivenöl extra
- 1 Knoblauchzehe, fein gehackt
- 1 kleine rote Zwiebel, in dünne Ringe geschnitten
- 1 TL getrockneter Oregano
- 1 TL frischer Thymian, gehackt
- 50 ml trockener Weißwein
- Salz und Pfeffer nach Geschmack
- 2 EL frische Petersilie, gehackt, zum Garnieren

Zubereitung:

1. Erhitze das Olivenöl in einer Pfanne bei mittlerer Hitze.
2. Füge die Zwiebel und den Knoblauch hinzu und dünste sie, bis sie weich sind.
3. Gib die Tomaten und Zucchini dazu, würze mit Oregano, Thymian, Salz und Pfeffer, und koche sie etwa 5 Minuten.
4. Lege die Sardinen in die Pfanne und gieße den Weißwein darüber.
5. Decke die Pfanne ab und lasse alles 8-10 Minuten köcheln, bis die Sardinen gar sind.
6. Bestreue es zum Schluss mit frischer Petersilie.

Griechische Tintenfischringe mit Tsatsiki

Zubereitungszeit: 25 Minuten
Portionen: 1 Person

Zutaten:

- 1 Tintenfisch (200 g), in Ringe geschnitten
- 60 g Mehl
- 1 TL Salz
- 1 EL natives Olivenöl extra
- 50 ml trockener Weißwein
- 100 g Joghurt, natur
- 1 kleine Gurke, fein gehackt
- 1 kleine Knoblauchzehe, zerdrückt
- 1 TL frische Minze, fein gehackt
- Saft einer halben Bio-Zitrone
- Salz und Pfeffer nach Geschmack

Zubereitung:

1. Mische das Mehl mit Salz in einer Schüssel. Tauche die Tintenfischringe darin, sodass sie gut bedeckt sind.

2. Erhitze das Olivenöl in einer Pfanne bei mittlerer Hitze. Brate die Tintenfischringe an, bis sie goldbraun sind, ca. 2-3 Minuten pro Seite.

3. Mit Weißwein ablöschen und 1 Minute köcheln lassen. Nimm die Ringe aus der Pfanne und lege sie auf ein Küchentuch, um überschüssiges Öl zu entfernen.

4. Für das Tsatsiki: Mische Joghurt, Gurke, Knoblauch, Minze, Zitronensaft in einer kleinen Schüssel. Mit Salz und Pfeffer abschmecken.

5. Serviere die Tintenfischringe zusammen mit dem Tsatsiki.

Französischer Fischeintopf (Bouillabaisse)

Zubereitungszeit: 30 Minuten
Portionen: 1 Person

Zutaten:

- 150 g Weißfischfilet (z.B. Seelachs), in mundgerechte Stücke geschnitten
- 100 g Garnelen, geschält und entdarmt
- 1 EL natives Olivenöl extra
- 1 kleine Zwiebel, gewürfelt
- 1 kleine Knoblauchzehe, fein gehackt
- 1 kleine Tomate, gewürfelt
- 1 EL Tomatenmark
- 150 ml Fischfond
- 50 ml trockener Weißwein
- 1 TL frische Thymianblätter, gehackt
- 1 TL frische Petersilie, gehackt
- 1 Lorbeerblatt
- Salz und Pfeffer nach Geschmack
- 1 kleines Baguette, in Scheiben geschnitten und getoastet, zum Servieren

Zubereitung:

1. Erhitze das Olivenöl in einem Topf, gib die Zwiebel und den Knoblauch hinein und dünste sie, bis sie weich sind.

2. Füge die Tomate und das Tomatenmark hinzu und koche sie kurz mit.

3. Gieße den Fischfond und den Weißwein hinzu und füge den Thymian, die Petersilie sowie das Lorbeerblatt hinzu. Lass die Flüssigkeit 10 Minuten köcheln.

4. Gib den Weißfisch und die Garnelen in den Topf und lass sie 5-7 Minuten köcheln, bis sie gar sind. Würze mit Salz und Pfeffer nach Geschmack.

5. Entferne das Lorbeerblatt und serviere den Eintopf mit den Baguettescheiben.

Gegrillter Lachs mit Fenchel

Zubereitungszeit: 25 Minuten
Portionen: 1 Person

Zutaten:

- 150 g Lachsfilet, frisch und grätenfrei
- 1 kleiner Fenchel, gewaschen und in dünne Scheiben geschnitten
- 2 EL natives Olivenöl extra
- 1 TL Bio-Zitronensaft
- 1 TL Honig
- 1 kleine Tomate, gewaschen und gewürfelt
- 2 EL frische Petersilie, gehackt
- Salz und Pfeffer, nach Geschmack
- 1 Prise Chiliflocken
- 2 EL trockener Weißwein

Zubereitung:

1. Den Lachs mit Salz, Pfeffer und Zitronensaft einreiben. 10 Minuten marinieren lassen.

2. Den Fenchel in einer Pfanne mit einem EL Olivenöl auf mittlerer Hitze anbraten, bis er weich wird. Mit Salz und Pfeffer würzen.

3. In einer separaten Pfanne den restlichen EL Olivenöl erhitzen und den Lachs von beiden Seiten je 3-4 Minuten grillen, bis er goldbraun ist.

4. Den Weißwein hinzufügen und kurz köcheln lassen, bis er fast verdampft ist.

5. Honig, Chiliflocken und Tomatenwürfel hinzufügen und kurz durchschwenken, bis alles gut vermischt ist.

6. Den Lachs auf einem Teller anrichten, mit dem Fenchel garnieren und mit der Petersilie bestreuen.

Gebackene Forelle mit Mandeln

Zubereitungszeit: 30 Minuten
Portionen: 1 Person

Zutaten:

- 1 Forelle (ca. 250 g), ausgenommen und geschuppt
- 30 g Mandeln, grob gehackt
- 1 Bio-Zitrone, in Scheiben geschnitten
- 2 EL natives Olivenöl extra
- 2 Knoblauchzehen, fein gehackt
- 2 EL frische Petersilie, gehackt
- 1 TL getrockneter Oregano
- 1 TL getrockneter Thymian
- Salz und Pfeffer nach Geschmack

Zubereitung:

1. Heize den Ofen auf 180 Grad vor.
2. Öle ein Backblech leicht mit 1 EL Olivenöl ein.
3. Wasche die Forelle unter kaltem Wasser und tupfe sie trocken.
4. Mische in einer kleinen Schüssel Mandeln, Knoblauch, Petersilie, Oregano, Thymian, Salz und Pfeffer.
5. Fülle die Forelle mit der Mandelmischung und lege einige Zitronenscheiben darauf.
6. Lege die gefüllte Forelle auf das Backblech und beträufle sie mit dem restlichen Olivenöl.
7. Backe die Forelle 15-20 Minuten oder bis sie gar ist und die Haut knusprig wird.
8. Garniere die gebackene Forelle mit frischen Zitronenscheiben und Petersilie.

Garnelen-Pilz-Risotto

Zubereitungszeit: 30 Minuten
Portionen: 1 Person

Zutaten:

- 100 g Risottoreis, gewaschen
- 100 g Garnelen, geschält und entdarmt
- 100 g Champignons, fein geschnitten
- 1 kleine Schalotte, gewürfelt
- 1 Knoblauchzehe, fein gehackt
- 50 ml trockener Weißwein
- 300 ml Hühnerbrühe, warm
- 1 EL natives Olivenöl extra
- 1 TL frischer Thymian, gehackt
- 1 EL Parmesan, gerieben
- Salz und Pfeffer nach Geschmack

Zubereitung:

1. In einer Pfanne das Olivenöl erhitzen und die Schalotte und den Knoblauch darin anbraten, bis sie glasig sind.
2. Die Champignons hinzufügen und 3 Minuten braten.
3. Garnelen hinzufügen und 2 Minuten mitbraten, bis sie rosa werden.
4. Den Risottoreis hinzufügen und kurz mit den Garnelen und den Pilzen verrühren.
5. Mit Weißwein ablöschen und diesen einkochen lassen.
6. Unter ständigem Rühren nach und nach die warme Hühnerbrühe hinzufügen, bis der Reis gar ist und eine cremige Konsistenz hat.
7. Frischen Thymian, Parmesan, Salz und Pfeffer einrühren und alles gut vermischen. Guten Appetit.

Rind- und Schweinefleischgerichte

Schweinebraten auf andalusische Art

Zubereitungszeit: 1 Stunde
Portionen: 1 Person

Zutaten:

- 250 g Schweinebraten, in einem Stück
- 1 EL natives Olivenöl extra
- 2 Knoblauchzehen, fein gehackt
- 1 kleine rote Paprika, gewürfelt
- 1 kleine grüne Paprika, gewürfelt
- 1 kleine Zwiebel, gewürfelt
- 1 TL Paprikapulver
- 1 TL Kreuzkümmel
- 50 ml trockener Weißwein
- 100 ml Hühnerbrühe
- 1 EL frisch gehackte Petersilie
- Salz und Pfeffer nach Geschmack

Zubereitung:

1. Den Ofen auf 180 Grad vorheizen.
2. Das Schweinefleisch mit Salz und Pfeffer würzen. In einer ofenfesten Pfanne das Olivenöl erhitzen und den Braten darin von allen Seiten anbraten.
3. Knoblauch, Paprika, und Zwiebel hinzufügen und etwa 5 Minuten anschwitzen, bis sie weich werden.
4. Paprikapulver und Kreuzkümmel darüberstreuen und gut umrühren.
5. Mit dem Weißwein und der Hühnerbrühe ablöschen.
6. Die Pfanne in den vorgeheizten Ofen schieben und den Braten 40 Minuten schmoren lassen.
7. Herausnehmen, in Scheiben schneiden und mit der Sauce aus der Pfanne übergießen. Mit der Petersilie bestreuen.

Osso Buco auf Mailänder Art

Zubereitungszeit: 90 Minuten
Portionen: 1 Person

Zutaten:

- 1 Kalbshaxe (ca. 300 g), in Scheiben geschnitten
- 50 ml trockener Weißwein
- 100 g Tomaten, gewürfelt
- 1 kleine Karotte, fein gewürfelt
- 1 kleine Zwiebel, fein gewürfelt
- 1 Selleriestange, fein gewürfelt
- 1 Knoblauchzehe, fein gehackt
- 1 EL natives Olivenöl extra
- 1 TL frischer Thymian, gehackt
- 1 TL frischer Rosmarin, gehackt
- 200 ml Rinderbrühe
- Salz und Pfeffer nach Geschmack
- 1 TL Bio-Zitronenschale, fein gerieben
- 1 EL frische Petersilie, gehackt
- 1 kleine Prise Safran

Zubereitung:

1. Die Kalbshaxe mit Salz und Pfeffer würzen. In einer Pfanne das Olivenöl erhitzen und die Haxe von beiden Seiten anbraten, bis sie goldbraun ist. Dann aus der Pfanne nehmen.

2. Karotte, Zwiebel, Sellerie und Knoblauch im gleichen Olivenöl anbraten, bis sie weich sind.

3. Den Weißwein dazugeben und etwas einkochen lassen, dann die Tomaten, Thymian, Rosmarin und die Rinderbrühe hinzufügen. Die Haxe wieder in die Pfanne legen.

4. Alles zugedeckt bei niedriger Hitze etwa 75 Minuten köcheln lassen, bis das Fleisch zart ist.

5. In der Zwischenzeit Safran in einem kleinen Topf mit 2 EL heißem Wasser auflösen.

6. Die Haxe aus der Sauce nehmen und warm halten. Die Sauce mit dem Safranwasser, Zitronenschale und Petersilie verfeinern. Abschmecken und eventuell nachwürzen. Zum Schluss die Sauce über die Haxe gießen und servieren.

Gegrillte Lammkoteletts mit Kräuterkruste

Zubereitungszeit: 30 Minuten
Portionen: 1 Person

Zutaten:

- 2 Lammkoteletts
- 1 EL natives Olivenöl extra
- Salz und frisch gemahlener Pfeffer
- 1/2 Knoblauchzehe, fein gehackt
- 1 EL frisch gehackte Rosmarinblätter
- 1 EL frisch gehackte Thymianblätter
- 1/2 EL frisch gehackte Petersilie
- 2 EL Semmelbrösel
- 1 EL geriebener Pecorino-Käse
- 1/2 TL geriebene Bio-Zitronenschale
- 2 EL trockener Weißwein

Zubereitung:

1. Erhitze deinen Grill auf mittlere Hitze. Während der Grill vorheizt, reibe die Lammkoteletts mit Olivenöl ein und würze sie mit Salz und Pfeffer. Stelle die Koteletts beiseite.

2. In einer kleinen Schüssel vermischt du Knoblauch, Rosmarin, Thymian, Petersilie, Semmelbrösel, Pecorino und Zitronenschale. Diese Mischung wird deine Kräuterkruste.

3. Drücke die Kräutermischung auf eine Seite der Lammkoteletts. Sorge dafür, dass sie gut haften bleibt.

4. Lege die Koteletts mit der Kräuterseite nach unten auf den Grill. Grill sie für etwa 5 Minuten, bis die Kruste goldbraun und knusprig ist.

5. Wende die Koteletts und grill sie weiter, bis sie deinem gewünschten Gargrad entsprechen. Für medium rare sollten sie etwa 3 bis 4 Minuten weitergrillen.

6. Nimm die Koteletts vom Grill und lasse sie für ein paar Minuten ruhen.

7. In der Zwischenzeit erhitze den Weißwein in einer kleinen Pfanne, um den Bratensatz zu lösen. Reduziere die Hitze und lasse den Wein einkochen, bis er etwas reduziert ist.

8. Gieße vor dem Servieren den Weinsud über die Lammkoteletts.

Portugiesisches Rindersteak

Zubereitungszeit: 25 Minuten
Portionen: 1 Person

Zutaten:

- 1 Rindersteak (ca. 200 g), zimmerwarm
- 3 Knoblauchzehen, fein gehackt
- 3 EL natives Olivenöl extra
- 1 TL Paprikapulver
- 1/2 Bio-Zitrone, Saft und Abrieb
- 2 EL frische Petersilie, gehackt
- Salz und Pfeffer
- 100 g Kirschtomaten, halbiert
- 50 ml trockener Weißwein

Zubereitung:

1. Das Rindersteak mit Salz und Pfeffer würzen. Die Knoblauchzehen fein hacken und mit dem Paprikapulver, dem Zitronensaft und dem Zitronenabrieb vermischen.

2. In einer Pfanne das Olivenöl erhitzen und das Steak darin von jeder Seite 2-3 Minuten anbraten, bis es eine schöne Bräune erhält. Dann aus der Pfanne nehmen und beiseite stellen.

3. In der gleichen Pfanne den Knoblauch und die Tomaten anbraten, bis der Knoblauch duftet. Den Weißwein dazugeben und etwa 5 Minuten köcheln lassen, bis sich die Flüssigkeit etwas reduziert hat.

4. Das Steak wieder in die Pfanne geben und bei mittlerer Hitze weitere 2-3 Minuten garen, bis es den gewünschten Gargrad erreicht hat. Die Petersilie unterrühren.

5. Das Steak auf einen Teller geben und die Knoblauch-Tomaten-Sauce darüber verteilen.

Lammragout

Zubereitungszeit: 35 Minuten
Portionen: 1 Person

Zutaten:

- 150 g Lammfleisch, in kleine Stücke geschnitten
- 1 EL natives Olivenöl extra
- 1 kleine Zwiebel, gewürfelt
- 1 Knoblauchzehe, fein gehackt
- 1 Zweig frischer Rosmarin, gehackt
- Schale von 1/2 Bio-Zitrone, gerieben
- 2 EL trockener Weißwein
- 100 ml Gemüsebrühe
- 50 g Kirschtomaten, halbiert
- Salz und Pfeffer, nach Geschmack

Zubereitung:

1. Erhitze das Olivenöl in einer Pfanne und brate das Lammfleisch darin an, bis es schön braun ist.

2. Füge die Zwiebel und den Knoblauch hinzu und dünste sie, bis sie weich sind.

3. Gib den Rosmarin, die geriebene Zitronenschale, Weißwein, Gemüsebrühe, Salz und Pfeffer in die Pfanne und koche alles 15 Minuten auf mittlerer Hitze.

4. Füge die halbierten Kirschtomaten hinzu und koche weitere 10 Minuten, bis alles gut vermengt und das Fleisch zart ist.

5. Schmecke das Ragout mit Salz und Pfeffer ab.

Spanisches Schweinefleisch mit Mandelsoße

Zubereitungszeit: 30 Minuten
Portionen: 1 Person

Zutaten:

- 150 g Schweinefleischsteak
- 30 g Mandeln, fein gemahlen
- 1 kleine Tomate, gewürfelt
- 1 kleine Zwiebel, gewürfelt
- 1 Knoblauchzehe, fein gehackt
- 50 ml trockener Weißwein
- 2 EL natives Olivenöl extra
- 1 TL Paprikapulver
- 1 TL frischer Thymian, gehackt
- 1 TL frischer Oregano, gehackt
- Salz und Pfeffer nach Geschmack

Zubereitung:

1. Erhitze 1 EL Olivenöl in einer Pfanne bei mittlerer Hitze. Brate das Schweinefleischsteak auf beiden Seiten goldbraun an und würze es mit Salz und Pfeffer. Lege es dann zur Seite.

2. Im gleichen Öl die Zwiebel und den Knoblauch anbraten, bis sie weich sind. Die Tomate, Paprikapulver, Thymian und Oregano hinzufügen und gut umrühren.

3. Die Mandeln und den Weißwein hinzufügen. Unter ständigem Rühren kochen, bis die Soße leicht eindickt.

4. Das Steak zurück in die Pfanne legen und mit der Soße überziehen. Ein paar Minuten köcheln lassen, bis das Fleisch durchgegart ist. Guten Appetit.

Rindergulasch auf sizilianische Art

Zubereitungszeit: 40 Minuten
Portionen: 1 Person

Zutaten:

- 200 g Rindergulasch, in Würfel geschnitten
- 1 kleine Zwiebel, fein gehackt
- 1 kleine Karotte, in dünne Scheiben geschnitten
- 1 kleine Paprika, in Streifen geschnitten
- 1 Knoblauchzehe, fein gehackt
- 2 EL natives Olivenöl extra
- 150 ml trockener Rotwein
- 100 ml Rinderbrühe
- 1 EL Tomatenmark
- 2 TL Oregano, getrocknet
- 1 TL Basilikum, getrocknet
- 1 TL Rosmarin, frisch gehackt
- Salz und Pfeffer, nach Geschmack

Zubereitung:

1. Erhitze das Olivenöl in einer Pfanne bei mittlerer Hitze. Brate das Rindergulasch darin an, bis es rundum braun wird. Nimm es aus der Pfanne und stelle es beiseite.

2. In der gleichen Pfanne die Zwiebel, Karotte, Paprika und Knoblauch dünsten, bis sie weich sind.

3. Gib das angebratene Gulasch zurück in die Pfanne. Füge den Rotwein, die Rinderbrühe, das Tomatenmark, Oregano, Basilikum, Rosmarin, Salz und Pfeffer hinzu.

4. Koche das Ganze bei niedriger Hitze für 25-30 Minuten, bis das Fleisch zart ist und die Sauce eingedickt ist.

5. Schmecke das Gericht ab und würze es bei Bedarf nochmals nach. Guten Appetit.

Marokkanisches Lamm mit Datteln

Zubereitungszeit: 30 Minuten
Portionen: 1 Person

Zutaten:

- 150 g Lammsteak, geschnitten
- 5 Datteln, entsteint und gehackt
- 2 EL natives Olivenöl extra
- 1 TL Ras el Hanout (marokkanische Gewürzmischung)
- 1 TL Honig
- 50 ml Bio-Orangensaft
- 1 TL frischer Ingwer, gerieben
- 1 EL frische Minze, gehackt
- 1 EL frische Petersilie, gehackt
- Salz und Pfeffer zum Abschmecken

Zubereitung:

1. Das Lammsteak mit Ras el Hanout, Salz und Pfeffer einreiben.

2. In einer Pfanne das Olivenöl erhitzen und das Lammsteak 3-4 Minuten von jeder Seite anbraten, bis es deiner gewünschten Garstufe entspricht. Aus der Pfanne nehmen und ruhen lassen.

3. In der gleichen Pfanne Datteln, Honig, Orangensaft und Ingwer bei mittlerer Hitze kochen, bis die Mischung eindickt.

4. Minze und Petersilie einrühren und von der Hitze nehmen.

5. Das Lammsteak auf einen Teller legen und die Dattel-Orangensauce darüber gießen.

Rinderhackbällchen mit Tomatensoße

Zubereitungszeit: 30 Minuten
Portionen: 1 Person

Zutaten:

- 200 g Rinderhackfleisch
- 1 kleine Zwiebel, fein gewürfelt
- 1 Knoblauchzehe, fein gehackt
- 2 TL natives Olivenöl extra
- Salz und Pfeffer zum Abschmecken
- 1/2 TL getrockneter Oregano
- 1/2 TL getrockneter Basilikum
- 1 kleine Tomate, gewürfelt
- 200 ml passierte Tomaten
- 1 EL frisch gehackte Petersilie
- 50 g Vollkornspaghetti
- 1 EL geriebenen Parmesan

Zubereitung:

1. In einer Pfanne erhitze 1 TL Olivenöl bei mittlerer Hitze. Zwiebel und Knoblauch darin glasig dünsten.

2. In einer Schüssel vermische das Rinderhackfleisch, die Zwiebel-Knoblauch-Mischung, Oregano, Basilikum und etwas Salz und Pfeffer. Forme daraus kleine Bällchen und setze sie zur Seite.

3. In derselben Pfanne, erhitze den restlichen TL Olivenöl. Die Rinderhackbällchen darin rundum anbraten, bis sie schön gebräunt sind.

4. In der Pfanne die gewürfelte Tomate hinzufügen und für 2 Minuten anbraten, bis sie weich wird. Die passierten Tomaten hinzufügen und gut umrühren. Lass die Tomatensoße für etwa 10 Minuten köcheln.

5. In der Zwischenzeit koche die Spaghetti nach Packungsanleitung, bis sie al dente sind.

6. Die Rinderhackbällchen in die Tomatensoße geben und alles für weitere 5 Minuten köcheln lassen.

7. Die Spaghetti abgießen und auf einen Teller geben. Die Rinderhackbällchen mit der Tomatensoße darauf anrichten.

8. Zum Schluss streue den frisch geriebenen Parmesan und die gehackte Petersilie darüber.

Mediterraner Schweinebraten

Zubereitungszeit: 1 Stunde 15 Minuten
Portionen: 1 Person

Zutaten:

- 200 g Schweinebraten, in einem Stück
- 2 EL natives Olivenöl extra
- 1 kleine Zwiebel, fein gewürfelt
- 2 Knoblauchzehen, fein gehackt
- 100 ml trockener Weißwein
- 150 ml Hühnerbrühe
- 1 TL Rosmarin, fein gehackt
- 1 TL Thymian, fein gehackt
- 1 kleine Tomate, gewürfelt
- Salz und Pfeffer nach Geschmack

Zubereitung:

1. Heize den Ofen auf 180 Grad vor. Würze den Schweinebraten mit Salz und Pfeffer.
2. Erhitze das Olivenöl in einer ofenfesten Pfanne auf mittlerer Hitze. Brate den Schweinebraten von allen Seiten an, bis er goldbraun ist. Nimm ihn aus der Pfanne und lege ihn beiseite.
3. Dünste die Zwiebel und den Knoblauch im selben Öl an, bis sie glasig sind.
4. Füge die Tomate hinzu und koche sie ein paar Minuten mit. Gib dann den Wein, die Brühe, den Rosmarin und Thymian hinzu.
5. Lege den Schweinebraten zurück in die Pfanne und schiebe alles in den Ofen. Brate es für etwa 1 Stunde, bis das Fleisch zart ist.
6. Nimm den Braten aus dem Ofen und lasse ihn für 5 Minuten ruhen. Schneide ihn dann in Scheiben und serviere ihn mit der Sauce aus der Pfanne.

Gegrilltes Lamm

Zubereitungszeit: 30 Minuten
Portionen: 1 Person

Zutaten:

- 200 g Lammsteak
- 1 EL natives Olivenöl extra
- 1 TL frischer Thymian, fein gehackt
- Salz und frisch gemahlener schwarzer Pfeffer nach Geschmack
- 1 kleiner Zweig Rosmarin
- 1 Knoblauchzehe, fein gehackt
- 1 Scheibe Bio-Zitrone

Zubereitung:

1. Zuerst heizt du deinen Grill auf mittlere Hitze vor.

2. Während der Grill vorheizt, bereitest du dein Lammsteak vor. Du reibst das Lammsteak mit dem Olivenöl ein. Dann streust du den gehackten Thymian, den Rosmarin und den Knoblauch darauf. Zum Schluss würzt du es mit Salz und Pfeffer.

3. Nun legst du das Lammsteak auf den Grill. Lass es etwa 5-7 Minuten auf jeder Seite grillen, bis es die gewünschte Garstufe erreicht hat.

4. Nimm das Steak vom Grill und lass es etwa 5 Minuten ruhen, bevor du es servierst.

5. Zum Abschluss drückst du etwas Zitronensaft über das Lammsteak. Guten Appetit.

Rinderrouladen mit Oliven und Kapern

Zubereitungszeit: 40 Minuten
Portionen: 1 Person

Zutaten:

- 1 Rinderroulade (ca. 150 g), plattiert
- 3 grüne Oliven, entsteint und gehackt
- 1 TL Kapern, abgetropft und grob gehackt
- 2 EL natives Olivenöl extra
- 1 kleine Tomate, gewürfelt
- 1 Knoblauchzehe, fein gehackt
- 50 ml trockener Rotwein
- 1 TL frischer Rosmarin, fein gehackt
- 1 TL frischer Thymian, fein gehackt
- 50 ml Brühe
- Salz und Pfeffer nach Geschmack

Zubereitung:

1. Die Rinderroulade auf einer Arbeitsfläche auslegen und mit Salz und Pfeffer würzen.

2. Die gehackten Oliven, Kapern, Tomate und Knoblauch in einer kleinen Schüssel vermischen und gleichmäßig auf der Roulade verteilen.

3. Die Roulade fest aufrollen und mit Küchengarn binden.

4. In einer Pfanne das Olivenöl erhitzen und die Roulade darin rundherum anbraten.

5. Den Rotwein, Rosmarin und Thymian hinzugeben und die Hitze reduzieren.

6. Die Roulade bei niedriger Hitze 15-20 Minuten schmoren lassen, dabei gelegentlich wenden.

7. Die Brühe hinzufügen und weitere 10 Minuten köcheln lassen, bis die Roulade zart ist.

8. Die Roulade aus der Pfanne nehmen, die Sauce nach Bedarf einkochen lassen und über die Roulade gießen. Guten Appetit.

Spanische Fleischbällchen

Zubereitungszeit: 30 Minuten
Portionen: 1 Person

Zutaten:

- 100 g gemischtes Hackfleisch (Rind und Schwein), gewürfelt
- 1 kleine Zwiebel, fein gehackt
- 1 Knoblauchzehe, fein gehackt
- 1 EL natives Olivenöl extra
- 50 ml trockener Rotwein
- 200 g Tomaten, gewürfelt
- 1 EL Tomatenmark
- 1 TL Oregano
- 1 TL Thymian
- 1 Bio-Ei
- 30 g Semmelbrösel
- Salz und Pfeffer
- 1 EL Petersilie, fein gehackt

Zubereitung:

1. Hackfleisch, Ei, Semmelbrösel, die Hälfte der Zwiebel, die Hälfte des Knoblauchs, Petersilie, Salz und Pfeffer vermischen und zu Fleischbällchen formen.

2. Fleischbällchen in einer Pfanne mit Olivenöl anbraten, bis sie goldbraun sind. Aus der Pfanne nehmen.

3. Restliche Zwiebel und Knoblauch im gleichen Öl anbraten. Tomaten, Tomatenmark, Oregano und Thymian hinzufügen und 5 Minuten köcheln lassen.

4. Rotwein hinzugeben und weitere 5 Minuten köcheln lassen.

5. Fleischbällchen in die Soße geben und 10 Minuten auf niedriger Hitze ziehen lassen.

6. Mit Salz und Pfeffer abschmecken und servieren.

Schweinefilet mit Zitronen-Knoblauchsoße

Zubereitungszeit: 30 Minuten
Portionen: 1 Person

Zutaten:

- 150 g Schweinefilet, pariert
- 1 Bio-Zitrone, ausgepresst
- 2 EL natives Olivenöl extra
- 2 Knoblauchzehen, fein gehackt
- 100 ml trockener Weißwein
- 100 ml Sahne
- 1 TL frischer Thymian, gehackt
- 1 TL frischer Rosmarin, gehackt
- Salz und Pfeffer

Zubereitung:

1. Schweinefilet mit Salz und Pfeffer würzen. In einer Pfanne 1 EL Olivenöl erhitzen und das Filet von beiden Seiten anbraten, bis es goldbraun ist. Aus der Pfanne nehmen und beiseite legen.

2. In der gleichen Pfanne den Knoblauch mit 1 EL Olivenöl anbraten, bis er duftet. Mit Weißwein ablöschen und den Saft einer Zitrone hinzufügen.

3. Sahne, Thymian und Rosmarin in die Pfanne geben und bei mittlerer Hitze einkochen lassen, bis die Soße sämig ist. Mit Salz und Pfeffer abschmecken.

4. Das Schweinefilet in die Soße legen und bei niedriger Hitze etwa 10 Minuten köcheln lassen, bis es gar ist.

5. Das Filet auf einem Teller anrichten und mit der Zitronen-Knoblauchsoße übergießen.

Geflügelgerichte

Toskanisches Zitronen-Hähnchen

Zubereitungszeit: 30 Minuten
Portionen: 1 Person

Zutaten:

- 150 g Hähnchenbrustfilet, gewaschen und trocken getupft
- 1 Bio-Zitrone, Saft und Schale gerieben
- 2 EL natives Olivenöl extra
- 1 TL Rosmarin, fein gehackt
- 1 TL Thymian, fein gehackt
- 1 kleine Knoblauchzehe, zerdrückt
- Salz und frisch gemahlener Pfeffer
- 50 g Cherrytomaten, halbiert
- 1 EL frische Basilikumblätter, gehackt
- 50 ml trockener Weißwein

Zubereitung:

1. Vermische in einer Schüssel den Zitronensaft, die Zitronenschale, das Olivenöl, Rosmarin, Thymian, Knoblauch, Salz und Pfeffer.

2. Lege das Hähnchenbrustfilet in die Marinade und lasse es 15 Minuten durchziehen.

3. Erhitze eine Grillpfanne auf mittlerer Stufe und grille das Hähnchenbrustfilet 5 Minuten von jeder Seite, bis es durch ist.

4. Nimm das Hähnchen heraus und halte es warm. In der gleichen Pfanne die Cherrytomaten und das Basilikum anbraten, mit Weißwein ablöschen und leicht einkochen lassen.

5. Gib die Sauce über das Hähnchenbrustfilet und serviere es.

Andalusisches Hähnchengulasch

Zubereitungszeit: 30 Minuten
Portionen: 1 Person

Zutaten:

- 150 g Hähnchenbrust, in Würfel geschnitten
- 1 kleine rote Paprika, gewürfelt
- 1 kleine gelbe Paprika, gewürfelt
- 1 kleine Zwiebel, gewürfelt
- 1 kleine Tomate, gewürfelt
- 2 EL natives Olivenöl extra
- 1 TL Paprikapulver
- 1 TL Kreuzkümmel, gemahlen
- 1 Knoblauchzehe, fein gehackt
- 50 ml trockener Weißwein
- 150 ml Hühnerbrühe
- Salz und Pfeffer nach Geschmack
- 1 EL frische Petersilie, gehackt
- 1 EL Bio-Zitronensaft

Zubereitung:

1. Erhitze das Olivenöl in einer Pfanne über mittlerer Hitze. Brate das Hähnchen darin an, bis es goldbraun ist, und nimm es aus der Pfanne.

2. Füge in derselben Pfanne die Zwiebel, den Knoblauch und die Paprika hinzu. Koche, bis sie weich sind.

3. Gib das Hähnchen zurück in die Pfanne und streue das Paprikapulver und den Kreuzkümmel darüber.

4. Füge die Tomate, den Weißwein und die Hühnerbrühe hinzu. Koche alles auf niedriger Hitze 15 Minuten lang.

5. Schmecke mit Salz, Pfeffer und Zitronensaft ab und bestreue mit Petersilie.

Gebratene Wachtel mit Trauben

Zubereitungszeit: 30 Minuten
Portionen: 1 Person

Zutaten:

- 1 Wachtel, küchenfertig
- 100 g rote Trauben, halbiert und entkernt
- 2 EL natives Olivenöl extra
- 1 kleine Schalotte, fein gewürfelt
- 1 TL frischer Thymian, gehackt
- 1 TL frischer Rosmarin, gehackt
- 50 ml trockener Weißwein
- 100 ml Hühnerbrühe
- Salz und Pfeffer nach Geschmack
- 1 EL Butter
- 1 TL Honig

Zubereitung:

1. Erhitze das Olivenöl in einer Pfanne und brate die Wachtel von allen Seiten goldbraun an. Nimm die Wachtel aus der Pfanne und lege sie beiseite.

2. Gib die Schalotte in die Pfanne und dünste sie glasig an. Füge die Trauben, Thymian und Rosmarin hinzu und brate alles kurz mit an.

3. Lösche mit dem Weißwein ab und lasse ihn etwas reduzieren. Gib die Hühnerbrühe dazu und lege die Wachtel wieder in die Pfanne.

4. Decke die Pfanne ab und lasse die Wachtel bei mittlerer Hitze 15 Minuten garen.

5. Nimm die Wachtel heraus und halte sie warm. Reduziere die Sauce, bis sie leicht eindickt, und rühre die Butter und den Honig ein. Schmecke mit Salz und Pfeffer ab.

6. Lege die Wachtel auf einen Teller und übergieße sie mit der Traubensauce.

Mediterrane Putenrouladen

Zubereitungszeit: 30 Minuten
Portionen: 1 Person

Zutaten:

- 1 Putenschnitzel (ca. 150 g), flach geklopft
- 30 g Feta, gewürfelt
- 1 mittelgroße Tomate, gewürfelt
- 1 EL Oliven, entsteint und gehackt
- 2 TL Pinienkerne
- 1/2 TL getrockneter Oregano
- 1/2 TL getrockneter Thymian
- Salz und Pfeffer nach Geschmack
- 2 EL natives Olivenöl extra

Zubereitung:

1. Den Backofen auf 180 Grad vorheizen.

2. Die Tomate, Feta, Oliven und Pinienkerne in einer Schüssel mischen. Oregano, Thymian, Salz und Pfeffer hinzufügen und gut vermischen.

3. Diese Füllung auf das flach geklopfte Putenschnitzel verteilen. Das Schnitzel dann vorsichtig aufrollen und mit einem Zahnstocher fixieren.

4. Eine Pfanne auf mittlerer Hitze erhitzen und das Olivenöl hinzufügen. Die Putenroulade von allen Seiten goldbraun anbraten.

5. Die angebratene Roulade in eine Auflaufform geben und für etwa 15-20 Minuten in den vorgeheizten Backofen stellen, bis sie durchgegart ist.

6. Die Roulade aus dem Ofen nehmen und einige Minuten ruhen lassen. Anschließend den Zahnstocher entfernen und die Roulade servieren.

Griechische Hähnchenpfanne mit Ouzo

Zubereitungszeit: 30 Minuten
Portionen: 1 Person

Zutaten:

- 150 g Hähnchenbrust, in Streifen geschnitten
- 50 ml Ouzo
- 2 EL natives Olivenöl extra
- 1 kleine Zwiebel, gewürfelt
- 1 Knoblauchzehe, fein gehackt
- 50 g Tomaten, gewürfelt
- 50 g grüne Paprika, in Streifen geschnitten
- 50 g Kalamata-Oliven, entsteint
- 2 EL Feta-Käse, zerbröckelt
- 1 TL Oregano
- 1 TL Rosmarin
- Salz und Pfeffer nach Geschmack
- Frischer Zitronensaft von 1/2 Bio-Zitrone

Zubereitung:

1. Die Hähnchenstreifen in einer Pfanne mit 1 EL Olivenöl anbraten, bis sie goldbraun sind. Aus der Pfanne nehmen und beiseite stellen.

2. Im gleichen Öl die Zwiebel und den Knoblauch anbraten, bis sie weich sind.

3. Die Tomaten, Paprika und Oliven dazugeben und 5 Minuten köcheln lassen.

4. Nun den Ouzo, Oregano und Rosmarin hinzufügen und weitere 5 Minuten köcheln.

5. Das angebratene Hähnchen zurück in die Pfanne geben und mit Salz, Pfeffer und Zitronensaft abschmecken. Alles gut vermischen.

6. Zum Schluss den Feta darüber bröckeln und nochmals 2 Minuten köcheln, bis der Käse leicht geschmolzen ist. Guten Appetit.

Spanisches Hähnchen

Zubereitungszeit: 30 Minuten
Portionen: 1 Person

Zutaten:

- 1 Hähnchenbrust (ca. 150 g), in Streifen geschnitten
- 50 g Chorizo, in Würfel geschnitten
- 1 rote Paprika, in Streifen geschnitten
- 1 kleine Zwiebel, fein gehackt
- 1 Knoblauchzehe, fein gehackt
- 100 ml Tomatensoße
- 1 TL Paprikapulver
- 1 TL Thymian, frisch gehackt
- 1 EL natives Olivenöl extra
- Salz und Pfeffer nach Geschmack

Zubereitung:

1. In einer Pfanne das Olivenöl erhitzen und die Hähnchenbruststreifen darin anbraten, bis sie schön goldbraun sind. Dann aus der Pfanne nehmen und beiseite stellen.

2. Die Chorizo-Würfel in die Pfanne geben und anbraten, bis sie etwas Farbe bekommen. Danach die Zwiebel und den Knoblauch hinzufügen und glasig dünsten.

3. Paprika, Paprikapulver, Thymian, Salz und Pfeffer in die Pfanne geben und gut umrühren, bis alles schön vermischt ist.

4. Die Tomatensoße hinzufügen und alles zusammen 10 Minuten köcheln lassen, damit die Soße etwas eindickt.

5. Das Hähnchen wieder zur Pfanne geben und alles noch einmal 5 Minuten köcheln lassen.

6. Mit Salz und Pfeffer abschmecken und servieren.

Knusprige Ente mit Orangensauce

Zubereitungszeit: 40 Minuten
Portionen: 1 Person

Zutaten:

- 1 Entenbrust (200 g), Haut eingeschnitten
- 1 Bio-Orange, Saft und Schale gerieben
- 3 EL natives Olivenöl extra
- 1 EL Honig
- 1 TL Thymian, gehackt
- 1 Knoblauchzehe, fein gehackt
- 50 ml trockener Weißwein
- 1 EL Rotweinessig
- Salz und Pfeffer

Zubereitung:

1. Entenbrust auf beiden Seiten mit Salz und Pfeffer würzen. Hautseite in einer heißen Pfanne ohne Öl bei mittlerer Hitze 6-7 Minuten braten, bis sie goldbraun ist. Dann umdrehen und weitere 4-5 Minuten garen. Aus der Pfanne nehmen und ruhen lassen.

2. In derselben Pfanne Knoblauch leicht anbraten. Thymian, Honig, Orangensaft und -schale hinzufügen. Mit Weißwein ablöschen, mit Essig, Salz und Pfeffer abschmecken. Auf kleiner Flamme 10 Minuten köcheln lassen, bis die Sauce leicht eindickt.

3. Sauce durch ein Sieb gießen, um die festen Bestandteile zu entfernen. Mit Olivenöl aufschlagen, bis eine glänzende Orangensauce entsteht.

4. Entenbrust in Scheiben schneiden. Auf einem Teller anrichten und mit Orangensauce beträufeln.

Französisches Zwiebel-Hähnchen

Zubereitungszeit: 25 Minuten
Portionen: 1 Person

Zutaten:

- 1 Hähnchenbrustfilet (ca. 150 g), gewaschen und abgetupft
- 1 große Zwiebel, geschält und in dünne Ringe geschnitten
- 2 EL natives Olivenöl extra
- 1 Knoblauchzehe, fein gehackt
- 100 ml trockener Weißwein
- 1 TL Thymian, frisch oder getrocknet
- 50 g geriebener Emmentaler oder Gruyère
- Salz und frisch gemahlener Pfeffer nach Geschmack

Zubereitung:

1. Erhitze das Olivenöl in einer Pfanne bei mittlerer Hitze und brate das Hähnchenbrustfilet von beiden Seiten an, bis es goldbraun ist. Nimm das Hähnchen aus der Pfanne und lege es beiseite.

2. Füge die Zwiebelringe und den Knoblauch in die Pfanne und dünste sie, bis sie weich und goldbraun sind.

3. Gib den Weißwein, Thymian, Salz und Pfeffer hinzu und lasse alles kurz aufkochen. Reduziere die Hitze und lege das Hähnchenbrustfilet zurück in die Pfanne.

4. Bedecke das Hähnchen mit den Zwiebeln und streue den Käse darüber. Decke die Pfanne ab und lasse alles schmoren, bis der Käse geschmolzen ist und das Hähnchen durchgegart ist (ca. 10 Minuten). Guten Appetit.

Marokkanische Hähnchentajine

Zubereitungszeit: 35 Minuten
Portionen: 1 Person

Zutaten:

- 150 g Hähnchenbrust, in Streifen geschnitten
- 1 EL natives Olivenöl extra
- 1 kleine Zwiebel, fein gewürfelt
- 1 Knoblauchzehe, fein gehackt
- 1/2 frische Bio-Zitrone, in Scheiben geschnitten
- 1 TL Kurkuma
- 1 TL Kreuzkümmel
- 1/2 TL Korianderpulver
- 1/4 TL Chilipulver
- 200 ml Hühnerbrühe
- 50 g Couscous
- Salz und Pfeffer nach Geschmack
- 1 EL frischer Koriander, gehackt, zum Garnieren

Zubereitung:

1. Erhitze das Olivenöl in einer kleinen Tajine oder einem Schmortopf. Brate das Hähnchen darin an, bis es goldbraun ist.

2. Füge die Zwiebel und den Knoblauch hinzu und dünste sie, bis sie weich sind.

3. Gib die Zitronenscheiben, Kurkuma, Kreuzkümmel, Korianderpulver und Chilipulver in den Topf und mische alles gut durch.

4. Gieße die Hühnerbrühe dazu und bringe die Mischung zum Kochen. Reduziere die Hitze und lass alles 20 Minuten köcheln.

5. In der Zwischenzeit bereite den Couscous nach den Anweisungen auf der Verpackung zu und halte ihn warm.

6. Würze das Hähnchen mit Salz und Pfeffer und serviere es mit dem Couscous, garniert mit frischem Koriander.

Pollo alla Romana

Zubereitungszeit: 30 Minuten
Portionen: 1 Person

Zutaten:

- 150 g Hähnchenbrust, in Streifen geschnitten
- 1 kleine rote Zwiebel, fein gewürfelt
- 1 Knoblauchzehe, fein gehackt
- 8 grüne Oliven, entsteint und gehackt
- 2 EL natives Olivenöl extra
- 1 EL Tomatenmark
- 200 ml Hühnerbrühe
- 1 TL getrockneter Oregano
- Salz und Pfeffer nach Geschmack
- Frische Petersilie zum Garnieren, fein gehackt

Zubereitung:

1. Erhitze das Olivenöl in einer Pfanne über mittlerer Hitze. Gib die Hähnchenstreifen hinein und brate sie etwa 5 Minuten, bis sie leicht gebräunt sind.

2. Füge die gewürfelte rote Zwiebel und den gehackten Knoblauch hinzu und brate sie weitere 3 Minuten, bis die Zwiebel weich ist.

3. Gib nun die gehackten Oliven und das Tomatenmark in die Pfanne. Brate alles zusammen 2 Minuten.

4. Gieße die Hühnerbrühe hinein und füge den Oregano, Salz und Pfeffer hinzu. Lasse die Mischung etwa 10 Minuten köcheln, bis die Sauce etwas reduziert ist.

5. Prüfe, ob das Hähnchen durchgegart ist. Wenn ja, entferne die Pfanne von der Hitze und streue die frisch gehackte Petersilie darüber. Guten Appetit!

Grillhähnchen mit Lavendel-Marinade

Zubereitungszeit: 30 Minuten
Portionen: 1 Person

Zutaten:

- 1 Hähnchenbrust (150 g)
- 1 EL natives Olivenöl extra
- 1/2 TL Lavendel, fein gehackt
- 1/2 TL frischer Thymian, fein gehackt
- 1/2 TL frischer Rosmarin, fein gehackt
- 1 Knoblauchzehe, gepresst
- Schale von 1/4 Bio-Zitrone, fein gerieben
- 25 ml trockener Weißwein
- Salz und Pfeffer

Zubereitung:

1. Du beginnst, indem du die Hähnchenbrust abwäschst und gut trocknest.

2. In einer Schüssel vermengst du Olivenöl, Lavendel, Thymian, Rosmarin, Knoblauch, Zitronenschale, Weißwein, Salz und Pfeffer zu einer Marinade.

3. Die Hähnchenbrust in einen tiefen Teller legen und mit der Marinade einreiben. Decke sie ab und lasse sie im Kühlschrank für mindestens 20 Minuten ziehen.

4. Heize den Grill auf mittlere Hitze vor. Lege die Hähnchenbrust auf den Grill und gare sie für etwa 6-8 Minuten auf jeder Seite, bis sie durch ist.

5. Lass die Hähnchenbrust kurz ruhen, bevor du sie servierst.

Hähnchen in Sherrysoße

Zubereitungszeit: 25 Minuten
Portionen: 1 Person

Zutaten:

- 150 g Hähnchenbrust, in Scheiben geschnitten
- 100 ml trockener Sherry
- 1 EL natives Olivenöl extra
- 1 kleine Schalotte, fein gehackt
- 1 Knoblauchzehe, fein gehackt
- 100 ml Hühnerbrühe
- 50 ml Sahne
- 1 TL frischer Thymian, gehackt
- 1 TL frischer Oregano, gehackt
- Salz und Pfeffer zum Abschmecken

Zubereitung:

1. Erhitze das Olivenöl in einer Pfanne und brate das Hähnchen darin goldbraun. Nimm es aus der Pfanne und stelle es beiseite.

2. In der gleichen Pfanne die Schalotte und den Knoblauch anschwitzen, bis sie weich sind.

3. Füge den Sherry hinzu und lasse ihn auf die Hälfte einkochen.

4. Gib die Hühnerbrühe, Sahne, Thymian und Oregano dazu. Koche die Soße leicht ein, bis sie sämig wird.

5. Gib das Hähnchen zurück in die Pfanne und koche es in der Soße, bis es gar ist. Mit Salz und Pfeffer abschmecken. Fertig.

Türkisches Hähnchen mit Aprikosen und Mandeln

Zubereitungszeit: 25 Minuten
Portionen: 1 Person

Zutaten:

- 1 Hähnchenbrust (150 g), gewaschen und trocken getupft
- 5 getrocknete Aprikosen, in dünne Streifen geschnitten
- 15 g Mandeln, gehackt
- 1 kleine Zwiebel, fein gewürfelt
- 1 kleine Tomate, gewürfelt

- 1 EL natives Olivenöl extra
- 1 TL Kreuzkümmel, gemahlen
- 1 TL Paprika, gemahlen
- Salz und Pfeffer nach Geschmack
- 1 EL frischer Koriander, gehackt
- 50 ml Hühnerbrühe

Zubereitung:

1. Erhitze das Olivenöl in einer Pfanne bei mittlerer Hitze. Gib die Zwiebeln dazu und dünste sie glasig.

2. Füge das Hähnchen hinzu und brate es von beiden Seiten an, bis es goldbraun ist. Würze mit Salz, Pfeffer, Kreuzkümmel und Paprika.

3. Gib die Aprikosen, Mandeln und Tomaten in die Pfanne. Lasse alles 2-3 Minuten köcheln.

4. Füge die Hühnerbrühe hinzu und reduziere die Hitze. Lass es 10-12 Minuten leicht köcheln, bis das Hähnchen gar ist und die Soße etwas eingedickt ist.

5. Bestreue das Gericht mit frischem Koriander.

Snacks und Vorspeisen

Bruschetta mit Tomaten und Basilikum

Zubereitungszeit: 15 Minuten
Portionen: 1 Person

Zutaten:

- 1 reife Tomate, gewürfelt
- 2 Blätter frisches Basilikum, fein gehackt
- 1 kleine Schalotte, fein gewürfelt
- 1 Knoblauchzehe, gehackt
- 2 Scheiben Ciabattabrot, halbiert
- 2 EL natives Olivenöl extra
- 1 TL Balsamico-Essig
- Salz und frisch gemahlener schwarzer Pfeffer, nach Geschmack
- 1 TL frisch geriebener Parmesan

Zubereitung:

1. Heize den Backofen auf 180 Grad vor.
2. Lege die Brotscheiben auf ein Backblech und beträufele sie mit 1 EL Olivenöl. Backe sie 5 Minuten oder bis sie knusprig sind.
3. In einer kleinen Schüssel mische die Tomate, das Basilikum, die Schalotte, den Knoblauch, den Balsamico-Essig, 1 EL Olivenöl, Salz und Pfeffer.
4. Nimm das Brot aus dem Ofen und verteile die Tomatenmischung gleichmäßig darauf.
5. Bestreue die Bruschetta mit dem Parmesan. Guten Appetit.

Gefüllte Weinblätter (Dolmades)

Zubereitungszeit: 40 Minuten
Portionen: 1 Person

Zutaten:

- 6 frische Weinblätter, abgewaschen und trockengetupft
- 50 g Bulgur, gekocht
- 30 g Fetakäse, zerbröselt
- 1 kleine Tomate, gewürfelt
- 1 kleine Frühlingszwiebel, fein gehackt
- 5 g frische Minze, gehackt
- 1 EL natives Olivenöl extra
- Saft von 1/2 Bio-Zitrone
- Salz und Pfeffer nach Geschmack
- 100 ml Gemüsebrühe

Zubereitung:

1. Die Weinblätter kurz in heißem Wasser blanchieren, dann auf ein Küchentuch legen und abtropfen lassen.

2. In einer Schüssel Bulgur, Fetakäse, Tomate, Frühlingszwiebel, Minze, Olivenöl und Zitronensaft vermengen. Mit Salz und Pfeffer abschmecken.

3. Auf jedes Weinblatt etwas von der Bulgur-Mischung geben. Die Blätter seitlich einschlagen und von unten nach oben einrollen, so dass kleine Päckchen entstehen.

4. Die gefüllten Weinblätter in einen kleinen Topf legen, die Gemüsebrühe angießen und auf mittlerer Hitze 20 Minuten dünsten lassen.

5. Die gefüllten Weinblätter vorsichtig herausnehmen und abkühlen lassen.

Spanische Tortilla mit Kartoffeln

Zubereitungszeit: 25 Minuten
Portionen: 1 Person

Zutaten:

- 2 mittelgroße Kartoffeln, geschält und in dünne Scheiben geschnitten
- 1 kleine Zwiebel, fein gehackt
- 2 Bio-Eier, verquirlt
- 3 EL natives Olivenöl extra
- 1 TL frischer Thymian, fein gehackt
- Salz und Pfeffer nach Geschmack
- 1 kleine Tomate, in Würfel geschnitten
- 50 g Feta-Käse, zerbröckelt

Zubereitung:

1. Erhitze 2 EL Olivenöl in einer kleinen Pfanne und füge die Kartoffeln hinzu. Brate sie bei mittlerer Hitze, bis sie weich und leicht goldbraun sind. Füge die Zwiebel hinzu und brate sie noch 5 Minuten mit.

2. In der Zwischenzeit verquirlst du die Eier mit Thymian, Salz und Pfeffer. Gib die Tomate und den Feta-Käse hinzu und vermische alles gut.

3. Nimm die Kartoffeln und Zwiebeln aus der Pfanne und füge sie zu der Ei-Mischung. Vermenge alles sorgfältig.

4. Erhitze den restlichen EL Olivenöl in der Pfanne und gieße die Ei-Kartoffel-Mischung hinein. Koche die Tortilla bei niedriger bis mittlerer Hitze, bis die Unterseite fest ist.

5. Drehe die Tortilla vorsichtig um und koche sie auf der anderen Seite, bis sie goldbraun und vollständig gegart ist. Guten Appetit.

Marokkanische Linsenbällchen

Zubereitungszeit: 30 Minuten
Portionen: 8 Bällchen

Zutaten:

- 50 g grüne Linsen, gewaschen
- 1 kleine rote Zwiebel, fein gewürfelt
- 1 Knoblauchzehe, fein gehackt
- 1 EL natives Olivenöl extra
- 1 TL Kreuzkümmel, gemahlen
- 1/2 TL Koriander, gemahlen
- 1/2 TL Paprika, gemahlen
- 1 EL frische Petersilie, fein gehackt
- 1 EL frische Korianderblätter, fein gehackt
- Salz und Pfeffer nach Geschmack
- 2 EL Semmelbrösel
- 1 EL Bio-Zitronensaft
- 2 EL Joghurt zum Servieren

Zubereitung:

1. Koche die Linsen in 200 ml Wasser für etwa 15 Minuten, bis sie weich sind. Abgießen und abkühlen lassen.

2. In einer Pfanne das Olivenöl erhitzen und Zwiebel sowie Knoblauch darin anschwitzen. Kreuzkümmel, Koriander und Paprika hinzufügen und 2 Minuten anbraten.

3. Die abgekühlten Linsen, die Gewürzzwiebeln, Petersilie, Korianderblätter, Semmelbrösel, Zitronensaft, Salz und Pfeffer in einer Schüssel vermengen. Mit den Händen zu 8 kleinen Bällchen formen.

4. Die Bällchen in der Pfanne mit etwas Öl bei mittlerer Hitze von allen Seiten goldbraun anbraten.

5. Zum Schluss die Linsenbällchen mit Joghurt beträufeln. Guten Appetit.

Crostini mit Oliven-Tapenade

Zubereitungszeit: 15 Minuten
Portionen: 1 Person

Zutaten:

- 4 Scheiben Ciabatta oder Baguette, in Scheiben geschnitten
- 1 Knoblauchzehe, halbiert
- 2 EL natives Olivenöl extra
- 50 g entsteinte schwarze Oliven, grob gehackt
- 50 g entsteinte grüne Oliven, grob gehackt
- 1 EL Kapern, abgespült
- 2 Sardellenfilets, fein gehackt
- Saft von 1/2 Bio-Zitrone
- 2 TL frischer Thymian, fein gehackt
- Salz und Pfeffer nach Geschmack

Zubereitung:

1. Den Ofen auf 180 Grad vorheizen.
2. Die Brotscheiben leicht mit der Knoblauchzehe einreiben und mit einem EL Olivenöl beträufeln.
3. Die Brotscheiben im Ofen 5 Minuten goldbraun backen.
4. Währenddessen die Oliven, Kapern, Sardellen, Zitronensaft, Thymian und den restlichen EL Olivenöl in einer Schüssel vermischen.
5. Mit einem Löffel oder einer Gabel die Mischung zerdrücken, bis sie eine grobe Paste bildet.
6. Mit Salz und Pfeffer abschmecken.
7. Die Crostini aus dem Ofen nehmen und die Oliven-Tapenade darauf verteilen. Guten Appetit.

Artischocken mit Aioli

Zubereitungszeit: 25 Minuten
Portionen: 1 Person

Zutaten:

- 1 Artischocke, Blätter getrimmt und unteres Drittel geschält
- 1 Bio-Zitrone, halbiert
- 2 EL natives Olivenöl extra
- Salz nach Geschmack
- 1 Knoblauchzehe, fein gehackt
- 1 Eigelb, Raumtemperatur
- 100 ml natives Olivenöl extra
- 1 TL Dijon-Senf
- 1 TL Weißweinessig
- Salz und Pfeffer nach Geschmack

Zubereitung:

1. Setze einen Topf mit Wasser, etwas Salz und einer Zitronenhälfte auf und bringe es zum Kochen. Gib die Artischocke hinein und koche sie 15 Minuten, bis sie weich ist. Abtropfen und abkühlen lassen.

2. Während die Artischocke kocht, machst du die Aioli. In einer Schüssel das Eigelb, den Knoblauch, den Senf und den Essig vermengen. Schlage langsam das Olivenöl ein, bis die Mischung dick und cremig ist. Mit Salz und Pfeffer abschmecken.

3. Erhitze 2 EL Olivenöl in einer Pfanne bei mittlerer Hitze. Die Artischocke halbieren und mit der Schnittfläche nach unten in die Pfanne legen. Brate sie 5 Minuten, bis sie goldbraun ist.

4. Serviere die Artischocke warm mit der Aioli zum Eintauchen.

Parmesan-Knoblauch-Garnelen

Zubereitungszeit: 20 Minuten
Portionen: 1 Person

Zutaten:

- 150 g frische Garnelen, bereits entdarmt und geschält
- 2 EL natives Olivenöl extra
- 2 Knoblauchzehen, fein gehackt
- 30 g Parmesankäse, gerieben
- Eine Prise Salz
- Eine Prise Pfeffer
- 1 EL Bio-Zitronensaft, frisch gepresst
- 1 TL Petersilie, frisch gehackt

Zubereitung:

1. Erhitze das Olivenöl in einer Pfanne auf mittlerer Flamme.

2. Gib den fein gehackten Knoblauch in die Pfanne und dünste ihn etwa 2 Minuten lang an, bis er goldbraun ist.

3. Füge nun die Garnelen hinzu, würze sie mit Salz und Pfeffer, und brate sie etwa 2 Minuten von jeder Seite, bis sie eine schöne rosa Farbe angenommen haben.

4. Wenn die Garnelen gar sind, reduziere die Hitze auf ein Minimum und gib den frisch geriebenen Parmesan hinzu. Rühre alles gut um, bis der Käse geschmolzen ist und die Garnelen gut überzogen hat.

5. Gib zum Schluss den frischen Zitronensaft und die gehackte Petersilie über die Garnelen. Alles noch einmal gut umrühren und dann vom Herd nehmen.

Hummus mit sonnengetrockneten Tomaten

Zubereitungszeit: 15 Minuten
Portionen: 1 Person

Zutaten:

- 100 g Kichererbsen, gekocht und abgetropft
- 30 g sonnengetrocknete Tomaten, in Öl eingelegt, abgetropft und klein gehackt
- 1 EL natives Olivenöl extra
- 1 EL Tahin (Sesampaste)
- 1 TL Bio-Zitronensaft, frisch gepresst
- 1 Knoblauchzehe, fein gehackt
- Salz, nach Geschmack
- 1 TL frische Petersilie, fein gehackt
- 50 ml Wasser, nach Bedarf

Zubereitung:

1. Du nimmst die Kichererbsen und gibst sie in einen Mixer oder eine Küchenmaschine.

2. Füge die sonnengetrockneten Tomaten, Olivenöl, Tahin, Zitronensaft, Knoblauch und eine Prise Salz hinzu.

3. Mixe die Zutaten auf hoher Stufe, bis alles gut vermengt ist. Füge Wasser hinzu, bis die gewünschte Konsistenz erreicht ist.

4. Probiere den Hummus und würze mit Salz nach Geschmack. Gib die Petersilie hinzu und rühre sie unter. Fertig!

Mediterrane Käseplatte

Zubereitungszeit: 15 Minuten
Portionen: 1 Person

Zutaten:

- 50 g Manchego-Käse, in dünne Scheiben geschnitten
- 50 g Feta-Käse, in Würfel geschnitten
- 10 Oliven, grün und schwarz gemischt
- 1 kleine rote Paprika, gewürfelt
- 5 Cherrytomaten, halbiert
- 30 g Rauchmandeln
- 1 kleine Ciabatta, in Scheiben geschnitten und getoastet
- 2 EL natives Olivenöl extra
- 1 TL getrockneter Oregano
- 1 TL getrocknete Basilikumblätter
- Salz und frisch gemahlener Pfeffer

Zubereitung:

1. Nimm dir eine Platte oder ein großes Brett und verteile die Käsesorten, Oliven, Paprika und Cherrytomaten darauf. Stelle sicher, dass die Farben sich gut abwechseln.

2. Füge die Mandeln hinzu und lege die Scheiben des getoasteten Ciabatta um die Platte herum.

3. Tröpfle das Olivenöl über die Feta-Würfel und die Ciabatta-Scheiben. Bestreue die Käsesorten und das Gemüse mit Oregano und Basilikum.

4. Würze alles mit Salz und frisch gemahlenem Pfeffer.

Spanische Chorizo in Rotwein

Zubereitungszeit: 30 Minuten
Portionen: 1 Person

Zutaten:

- 100 g Chorizo, in Scheiben geschnitten
- 150 ml trockener Rotwein
- 1 TL Honig
- 1 kleine Schalotte, fein gehackt
- 1 Knoblauchzehe, fein gehackt
- 1 EL natives Olivenöl extra
- 1 Prise Rosmarin, frisch oder getrocknet
- Salz und Pfeffer nach Geschmack

Zubereitung:

1. In einer Pfanne das Olivenöl erhitzen und die Schalotte und den Knoblauch darin anbraten, bis sie glasig sind.

2. Chorizo hinzufügen und 2-3 Minuten braten, bis sie leicht knusprig ist.

3. Rotwein, Honig und Rosmarin hinzufügen und gut umrühren. Mit Salz und Pfeffer abschmecken.

4. Die Mischung bei mittlerer Hitze 15-20 Minuten köcheln lassen, bis der Rotwein auf die Hälfte reduziert ist und eine schöne Glasur entsteht. Guten Appetit.

Tomaten-Tarte mit Ziegenkäse

Zubereitungszeit: 45 Minuten
Portionen: 1 Person

Zutaten:

- 100 g Mürbeteig
- 1 EL natives Olivenöl extra
- 1 große Tomate, in Scheiben geschnitten
- 50 g Ziegenkäse, zerbröckelt
- 1 Zweig frischer Thymian, Blätter abgezupft
- 1/2 EL Honig
- Salz und Pfeffer nach Geschmack

Zubereitung:

1. Heize deinen Backofen auf 180 Grad vor.

2. Rolle den Mürbeteig auf einer bemehlten Arbeitsfläche aus und lege ihn in eine kleine Tarteform. Drücke den Teig fest an die Form und schneide überschüssigen Teig ab.

3. Steche mit einer Gabel einige Male in den Boden des Teigs, damit er beim Backen nicht aufbläht.

4. Bestreiche den Teigboden mit dem Olivenöl und lege die Tomatenscheiben darauf. Verteile den zerbröckelten Ziegenkäse darüber.

5. Würze das Ganze mit den Thymianblättern, Salz und Pfeffer.

6. Backe die Tarte für etwa 20-25 Minuten, oder bis der Teig goldbraun ist und der Käse geschmolzen ist.

7. Nimm die Tarte aus dem Ofen und beträufle sie mit dem Honig. Lass sie ein paar Minuten abkühlen. Guten Appetit.

Feta-Gemüse-Spieße

Zubereitungszeit: 25 Minuten
Portionen: 1 Person

Zutaten:

- 75 g Feta, in Würfel geschnitten
- 1 mittelgroße Zucchini, in dicke Scheiben geschnitten
- 1 mittelgroße rote Paprika, entkernt und in Würfel geschnitten
- 1 kleine rote Zwiebel, geviertelt
- 50 ml natives Olivenöl extra
- Saft und Abrieb einer halben Bio-Zitrone
- 1 EL frisch gehackter Oregano
- 1 EL frisch gehackter Thymian
- Salz und Pfeffer nach Geschmack
- 3 Holzspieße, eingeweicht in Wasser

Zubereitung:

1. Heize deinen Grill oder deine Grillpfanne auf mittlere Stufe vor.

2. Vermische das Olivenöl, den Zitronensaft und -abrieb, den Oregano, Thymian, Salz und Pfeffer in einer kleinen Schüssel.

3. Lege das Gemüse und den Feta in eine größere Schüssel und gib die Olivenölmischung dazu. Rühre vorsichtig um, bis alles gut bedeckt ist.

4. Stecke das marinierte Gemüse und den Feta abwechselnd auf die eingeweichten Holzspieße.

5. Lege die Spieße auf den Grill oder die Grillpfanne und grille sie 10 bis 15 Minuten lang, bis der Feta leicht gebräunt und das Gemüse zart ist. Wende die Spieße während des Grillens mehrmals, damit sie gleichmäßig garen. Guten Appetit.

Italienische Calamari

Zubereitungszeit: 25 Minuten
Portionen: 1 Person

Zutaten:

- 100 g Calamari, in Ringe geschnitten
- 40 g Mehl
- 1 Bio-Ei, verquirlt
- 40 g Paniermehl
- 1 TL Oregano, getrocknet
- 1 TL Basilikum, getrocknet
- 1 TL Knoblauchpulver
- Salz und Pfeffer nach Geschmack
- 100 ml natives Olivenöl extra, zum Braten
- 1 Bio-Zitrone, in Vierteln
- 50 g gemischter Salat (Rucola, Radicchio), gewaschen und abgetropft

Zubereitung:

1. In einer flachen Schale Mehl, Oregano, Basilikum, Knoblauchpulver, Salz und Pfeffer vermengen.

2. Calamari erst im Mehl, dann im Ei und schließlich im Paniermehl wenden.

3. In einer Pfanne das Olivenöl erhitzen und die Calamari darin ca. 2 Minuten von jeder Seite goldbraun braten.

4. Auf Küchenpapier abtropfen lassen.

5. Die Calamari mit den Zitronenvierteln und dem gemischten Salat anrichten.

Desserts

Tiramisu al Limone

Zubereitungszeit: 25 Minuten
Portionen: 1 Person

Zutaten:

- 3 Löffelbiskuits, zerbrochen
- 100 g Mascarpone, gut gekühlt
- 1 EL Zucker
- 1 Bio-Zitrone, Saft und Abrieb
- 50 ml Limoncello (Zitronenlikör)
- 50 ml Espresso, abgekühlt
- 1 Eigelb
- 1 TL Vanillezucker
- Eine Prise Salz
- Einige frische Minzblätter, zum Garnieren

Zubereitung:

1. In einer kleinen Schüssel den Espresso mit Limoncello und dem Saft einer halben Zitrone vermengen. Die zerbrochenen Löffelbiskuits darin tränken und zur Seite stellen.

2. In einer separaten Schüssel das Eigelb mit Zucker und Vanillezucker schaumig schlagen. Den Mascarpone hinzufügen und zu einer glatten Creme verrühren.

3. Die Schale der Zitrone abreiben und unter die Mascarponecreme heben, zusammen mit einer Prise Salz.

4. In einem Glas oder einer Dessertschale abwechselnd die getränkten Löffelbiskuits und die Mascarponecreme schichten.

5. Mit Frischhaltefolie abdecken und mindestens 2 Stunden im Kühlschrank durchziehen lassen.

6. Vor dem Servieren mit frischen Minzblättern garnieren.

Spanischer Mandelkuchen

Zubereitungszeit: 30 Minuten
Portionen: 1 Person

Zutaten:

- 50 g Mandeln, grob gehackt
- 30 g Mehl
- 25 g Zucker
- 1 TL Backpulver
- 1 Bio-Ei
- 1 EL natives Olivenöl extra
- 1 TL Vanilleextrakt
- 1 Prise Salz
- 2 EL Bio-Orangensaft, frisch gepresst
- 1 TL Bio-Orangenschale, fein gerieben

Zubereitung:

1. Heize deinen Ofen auf 180 Grad vor.

2. Mische in einer Schüssel Mehl, Zucker, Backpulver und Salz.

3. Schlage das Ei in einer anderen Schüssel auf und vermenge es mit dem Olivenöl, Vanilleextrakt, Orangensaft und Orangenschale.

4. Füge nun die Mandeln zu der Ei-Mischung hinzu und rühre alles gut um.

5. Gib nun die trockenen Zutaten dazu und rühre, bis alles gerade so miteinander vermischt ist.

6. Fette eine kleine Kuchenform (etwa 12 cm Durchmesser) leicht ein und gieße den Teig hinein.

7. Backe den Kuchen für 15 bis 20 Minuten oder bis er fest und goldbraun ist.

8. Lass ihn in der Form auskühlen, bevor du ihn vorsichtig herausnimmst. Guten Appetit.

Griechischer Joghurt mit Honig und Walnüssen

Zubereitungszeit: 10 Minuten
Portionen: 1 Person

Zutaten:

- 150 g griechischer Joghurt, gut gekühlt
- 2 EL Honig, flüssig
- 30 g Walnüsse, grob gehackt
- 1/2 Bio-Orange, Schale abgerieben und Saft gepresst
- 2 Feigen, in Scheiben geschnitten
- 1 TL frische Minze, fein gehackt
- 1 Prise Zimt
- 1 EL natives Olivenöl extra

Zubereitung:

1. Die Walnüsse in einer Pfanne ohne Öl bei mittlerer Hitze anrösten, bis sie duften. Beiseitelegen.

2. Die Feigen mit etwas Honig beträufeln und in einer separaten Pfanne bei mittlerer Hitze anbraten, bis sie leicht karamellisiert sind.

3. Den griechischen Joghurt in eine Schüssel geben und mit der Orangenschale, dem Orangensaft und der Prise Zimt vermischen.

4. Die Mischung auf einem Teller anrichten und mit den karamellisierten Feigen garnieren.

5. Die Walnüsse über das Dessert streuen und mit der frischen Minze bestreuen.

6. Das Olivenöl und den restlichen Honig über das Dessert träufeln. Fertig!

Panna Cotta mit Orangenblütenwasser

Zubereitungszeit: 25 Minuten
Portionen: 1 Person

Zutaten:

- 100 ml Sahne
- 25 g Zucker
- 1 Blatt Gelatine, in kaltem Wasser eingeweicht
- 1 EL Orangenblütenwasser
- 1 Bio-Orange, geschält und in dünne Scheiben geschnitten
- 1 TL Honig
- 1 TL Pistazien, gehackt

Zubereitung:

1. In einem kleinen Topf Sahne und Zucker auf mittlerer Hitze erwärmen, bis der Zucker sich aufgelöst hat.

2. Die eingeweichte Gelatine ausdrücken und zur Sahne geben, rühren, bis die Gelatine geschmolzen ist.

3. Orangenblütenwasser einrühren und die Mischung in ein Glas oder eine Form gießen. Im Kühlschrank mindestens 2 Stunden fest werden lassen.

4. In der Zwischenzeit die Orangenscheiben mit Honig beträufeln und in einer Pfanne kurz karamellisieren.

5. Die Panna Cotta vorsichtig aus der Form lösen, mit den karamellisierten Orangenscheiben und gehackten Pistazien garnieren. Guten Appetit.

Mediterrane Beeren-Tarte

Zubereitungszeit: 40 Minuten
Portionen: 1 Person

Zutaten:

- 75 g Mehl
- 30 g Butter, kalt und gewürfelt
- 20 g Zucker
- 1 Bio-Ei, leicht verquirlt
- Eine Prise Salz
- 100 g gemischte Beeren (Erdbeeren, Blaubeeren, Himbeeren), gewaschen
- 1 TL Honig
- 1 EL natives Olivenöl extra
- 1 EL frischer Bio-Zitronensaft
- 2 EL Quark, glatt gerührt
- Frische Minze, gehackt für die Dekoration

Zubereitung:

1. Vermenge Mehl, Butter, Zucker und Salz in einer Schüssel, bis die Mischung krümelig wird. Füge das Ei hinzu und forme einen Teig. Kühle den Teig für 20 Minuten im Kühlschrank.

2. Heize den Ofen auf 180 Grad vor. Rolle den Teig auf einer bemehlten Fläche aus und lege ihn in eine kleine Tarteform. Stich mit einer Gabel Löcher in den Boden. Backe die Tarte 15 Minuten, bis sie goldbraun ist.

3. Während die Tarte backt, mische die Beeren mit Honig, Olivenöl und Zitronensaft in einer Schüssel.

4. Nimm die Tarte aus dem Ofen und lasse sie abkühlen. Streiche den Quark auf die Tarte und verteile die Beerenmischung darüber.

5. Garniere zum Schluss mit frischer Minze.

Italienische Cannoli

Zubereitungszeit: 30 Minuten
Portionen: 4 Cannoli

Zutaten:

- 50 g Mehl
- 1 TL Zucker
- 1 EL natives Olivenöl extra
- 1 kleines Bio-Ei
- 30 ml trockener Weißwein
- 100 g Ricotta
- 2 EL Honig
- 20 g dunkle Schokolade, fein gehackt
- Abrieb von 1/2 Bio-Zitrone
- Puderzucker zum Bestäuben

Zubereitung:

1. Du beginnst mit dem Teig. Vermische das Mehl und den Zucker in einer Schüssel. Füge das Olivenöl, das Ei und den Weißwein hinzu und knete es zu einem glatten Teig. Teile diesen in vier gleichgroße Stücke und rolle jedes Stück so dünn wie möglich aus.

2. Lege die Teigkreise auf ein Backblech und backe sie bei 180 Grad für etwa 10-12 Minuten oder bis sie goldbraun sind. Lass sie danach kurz abkühlen.

3. Währenddessen bereitest du die Füllung zu. Vermische den Ricotta, den Honig, die Schokolade und den Zitronenabrieb in einer Schüssel.

4. Sobald die Teigkreise abgekühlt sind, rollst du sie zu Röhren auf und füllst sie mit der Ricotta-Mischung.

5. Bestäube die Cannoli zum Schluss mit Puderzucker.

Türkischer Mohnkuchen

Zubereitungszeit: 45 Minuten
Portionen: 1 Person

Zutaten:

- 50 g gemahlener Mohn
- 50 g feiner Zucker
- 30 g Mehl
- 1/2 TL Backpulver
- Eine Prise Salz
- 1 Bio-Ei

- 50 ml frisch gepresster Bio-Orangensaft
- 1 EL natives Olivenöl extra
- Abrieb von 1/2 Bio-Zitrone
- 1 TL Vanilleextrakt
- Puderzucker zum Bestreuen

Zubereitung:

1. Heize den Ofen auf 180 Grad vor und fette eine kleine Kuchenform (12 cm Durchmesser) ein.

2. Vermische in einer Schüssel den gemahlenen Mohn, Zucker, Mehl, Backpulver und eine Prise Salz.

3. Schlage das Ei in einer separaten Schüssel auf und vermenge es gut mit dem Orangensaft, Olivenöl, Zitronenabrieb und Vanilleextrakt.

4. Gib die flüssigen Zutaten zur Mohnmischung und rühre alles zu einem glatten Teig.

5. Gieße den Teig in die vorbereitete Form und backe ihn für etwa 25-30 Minuten, oder bis ein Zahnstocher sauber herauskommt.

6. Lass den Kuchen komplett abkühlen, bevor du ihn mit Puderzucker bestreust. Guten Appetit!

Marokkanische Dattelkekse

Zubereitungszeit: 25 Minuten
Portionen: 10 Kekse

Zutaten:

- 100 g Datteln, entsteint und gehackt
- 75 g Mandeln, geröstet und grob gehackt
- 30 g Honig
- 1 TL Zimt
- 1 TL gemahlener Kardamom
- Schale einer unbehandelten Bio-Zitrone, gerieben
- 50 g Vollkornmehl
- 50 g Haferflocken
- 50 ml natives Olivenöl extra

Zubereitung:

1. Den Backofen auf 180 Grad vorheizen und ein Backblech mit Backpapier auslegen.

2. Datteln, Mandeln, Honig, Zimt, Kardamom und Zitronenschale in einer Schüssel gut vermischen.

3. In einer anderen Schüssel das Vollkornmehl und die Haferflocken vermischen. Danach das Olivenöl hinzufügen und gut durchmischen.

4. Die Dattel-Mandel-Mischung zu der Mehl-Haferflocken-Mischung geben und gut vermischen, bis ein klebriger Teig entsteht.

5. Aus dem Teig 10 kleine Kugeln formen und auf das Backblech setzen. Mit der Unterseite eines Glases die Kugeln zu Keksen flach drücken.

6. Die Kekse im vorgeheizten Ofen 15 Minuten backen, oder bis sie goldbraun sind. Aus dem Ofen nehmen und abkühlen lassen. Guten Appetit.

Französischer Lavendelkuchen

Zubereitungszeit: 1 Stunde
Portionen: 1 Person

Zutaten:

- 60 g Mandelmehl
- 60 g fein gemahlener weißer Zucker
- 1 Bio-Ei
- 1 TL getrocknete Lavendelblüten, fein zerstoßen
- 1 EL natives Olivenöl extra
- 2 EL Honig
- 1 TL Backpulver
- 1 Prise Salz
- 1/2 Bio-Zitrone, Schale gerieben, Saft ausgepresst
- Puderzucker zum Bestäuben

Zubereitung:

1. Heize den Backofen auf 180 Grad vor und bereite eine kleine Backform vor.

2. Mische Mandelmehl, Zucker, Backpulver und Salz in einer Schüssel. Füge die zerstoßenen Lavendelblüten hinzu und rühre alles gut um.

3. Schlage das Ei in einer zweiten Schüssel auf und füge das Olivenöl, den Honig, den Zitronensaft und die geriebene Zitronenschale hinzu. Rühre alles gut um.

4. Gieße die flüssige Mischung langsam in die trockene Mischung und rühre vorsichtig, bis ein glatter Teig entsteht.

5. Fülle den Teig in die Backform und backe ihn 20-25 Minuten lang, bis der Kuchen goldbraun ist und ein in die Mitte gesteckter Zahnstocher sauber herauskommt.

6. Lass den Kuchen vollständig abkühlen, bevor du ihn aus der Form nimmst. Bestäube den Kuchen leicht mit Puderzucker. Guten Appetit.

Baklava mit Pistazien

Zubereitungszeit: 40 Minuten
Portionen: 1 Person

Zutaten:

- 50 g Butter, geschmolzen
- 100 g Filoteig
- 70 g Pistazien, fein gehackt
- 50 g Zucker
- 70 ml Wasser
- 1 TL Bio-Zitronensaft
- 1 TL Orangenblütenwasser, optional

Zubereitung:

1. Heize den Ofen auf 180 Grad vor. Trenne den Filoteig in zwei Hälften. Die erste Hälfte legst du auf eine eingefettete Auflaufform und pinselst die Schichten mit der geschmolzenen Butter ein. Gib nun die fein gehackten Pistazien darauf.

2. Die zweite Hälfte des Filoteigs legst du auf die Pistazien und pinselst auch hier jede Schicht mit Butter ein. Schneide die Baklava nun in Quadrate und backe sie etwa 25 Minuten lang, bis sie goldbraun ist.

3. Während die Baklava im Ofen ist, machst du den Sirup. In einem kleinen Topf vermischst du Zucker und Wasser. Koche diese Mischung auf mittlerer Hitze, bis sich der Zucker aufgelöst hat. Füge den Zitronensaft und das Orangenblütenwasser hinzu und lass es 10 Minuten köcheln.

4. Sobald die Baklava aus dem Ofen kommt, träufelst du den heißen Sirup darüber. Lass die Baklava abkühlen und den Sirup aufsaugen. Fertig.

Vegan

Gebratene Auberginen mit Tomatensoße

Zubereitungszeit: 30 Minuten
Portionen: 1 Person

Zutaten:

- 1 kleine Aubergine, gewaschen und in dünne Scheiben geschnitten
- 2 EL natives Olivenöl extra
- Salz und Pfeffer nach Geschmack
- 1 kleine Zwiebel, fein gewürfelt
- 2 Knoblauchzehen, fein gehackt

- 200 g reife Tomaten, gewaschen und grob gehackt
- 1 TL frischer Thymian, fein gehackt
- 1 TL frischer Oregano, fein gehackt
- 1 Prise Zucker
- 1 Handvoll frische Basilikumblätter, zur Dekoration

Zubereitung:

1. Die Auberginenscheiben auf beiden Seiten mit Salz und Pfeffer würzen. Eine Pfanne erhitzen, 1 EL Olivenöl hinzufügen und die Auberginenscheiben darin anbraten, bis sie goldbraun sind. Dann aus der Pfanne nehmen und beiseite stellen.

2. Im selben Olivenöl die gewürfelte Zwiebel und den gehackten Knoblauch anbraten, bis sie weich sind.

3. Nun die gehackten Tomaten, Thymian, Oregano und eine Prise Zucker hinzufügen. Alles gut umrühren und die Hitze reduzieren. Lass die Soße etwa 15 Minuten köcheln, bis sie eingedickt ist.

4. Schichte die Auberginenscheiben auf einem Teller und gieße die Tomatensoße darüber.

5. Verfeinere das Gericht mit frischen Basilikumblättern.

Vegane Paella mit Saisonalem Gemüse

Zubereitungszeit: 40 Minuten
Portionen: 1 Person

Zutaten:

- 100 g Rundkornreis, gewaschen
- 250 ml Gemüsebrühe
- 1 kleine Zwiebel, fein gewürfelt
- 1 Knoblauchzehe, fein gehackt
- 1 EL natives Olivenöl extra
- 1 kleine rote Paprika, entkernt und gewürfelt
- 1 kleine grüne Paprika, entkernt und gewürfelt
- 1 kleine Zucchini, gewürfelt
- 50 g grüne Erbsen, frisch oder tiefgefroren
- 1 TL Kurkuma
- Salz und Pfeffer nach Geschmack
- Einige frische Petersilienblätter, gehackt
- Eine Prise Safran, optional

Zubereitung:

1. Erhitze das Olivenöl in einer Pfanne und dünste die Zwiebel und den Knoblauch darin an, bis sie weich sind.
2. Füge die Paprika und Zucchini hinzu und brate sie etwa 5 Minuten lang mit, bis sie anfangen weich zu werden.
3. Füge den Reis hinzu und rühre alles gut um, sodass der Reis mit dem Gemüse und dem Öl vermischt ist. Brate den Reis ein paar Minuten mit an, bis er leicht glasig wird.
4. Gib nun die Kurkuma, Salz und Pfeffer dazu und verrühre alles gründlich. Wenn du Safran hast, kannst du diesen jetzt ebenfalls hinzufügen.
5. Schütte die Gemüsebrühe dazu und rühre alles gut um.
6. Lasse die Paella nun bei niedriger Hitze etwa 20 Minuten lang köcheln. Gib nach 10 Minuten die Erbsen dazu.
7. Nach den 20 Minuten sollte der Reis das Wasser vollständig aufgenommen haben. Falls nicht, lass die Paella noch ein paar Minuten länger köcheln.
8. Zum Schluss kannst du die Paella mit der frisch gehackten Petersilie bestreuen.

Veganer Moussaka

Zubereitungszeit: 40 Minuten
Portionen: 1 Person

Zutaten:

- 1 kleine Aubergine, in 1 cm dicke Scheiben geschnitten
- 1 kleine Zucchini, in 1 cm dicke Scheiben geschnitten
- 1 rote Paprika, entkernt und in Streifen geschnitten
- 200 ml Tomatensauce
- 50 g vegane Béchamelsauce
- 1 EL natives Olivenöl extra
- 1 TL Oregano
- 1 TL frischer Thymian, fein gehackt
- 1 EL frischer Basilikum, fein gehackt
- Salz und Pfeffer nach Geschmack

Zubereitung:

1. Heize deinen Backofen auf 200 Grad vor.

2. Bestreiche die Auberginenscheiben und Zucchinischeiben mit dem Olivenöl, würze sie mit Salz und Pfeffer und lege sie auf ein Backblech.

3. Backe die Gemüsescheiben für etwa 20 Minuten im vorgeheizten Backofen, bis sie weich und leicht gebräunt sind.

4. In der Zwischenzeit koche die Tomatensauce mit Oregano, Thymian und Basilikum auf mittlerer Hitze, bis sie etwas eingedickt ist.

5. Lege nun eine Schicht Auberginenscheiben in eine kleine Auflaufform, bedecke diese mit der Hälfte der Tomatensauce und füge dann die Zucchinischeiben hinzu.

6. Füge die restliche Tomatensauce und die Paprikastreifen hinzu und bedecke alles mit der veganen Béchamelsauce.

7. Backe das Ganze für weitere 15-20 Minuten, bis die Béchamelsauce braun und blubbernd ist. Guten Appetit.

Gemüsetajine mit Couscous

Zubereitungszeit: 40 Minuten
Portionen: 1 Person

Zutaten:

- 70 g Couscous
- 150 ml Gemüsebrühe
- 1 kleine Zucchini, gewürfelt
- 1 Karotte, in Scheiben geschnitten
- 1 kleine rote Paprika, gewürfelt
- 1 kleine gelbe Paprika, gewürfelt
- 1 kleine Aubergine, gewürfelt
- 1 EL natives Olivenöl extra
- 1 TL Kreuzkümmel
- 1 TL Paprika
- Salz und Pfeffer nach Geschmack
- 1 EL frische Minze, fein gehackt
- 1 EL frischer Koriander, fein gehackt

Zubereitung:

1. Den Couscous in eine Schüssel geben und die heiße Gemüsebrühe darüber gießen. Abdecken und 10 Minuten quellen lassen.

2. Während der Couscous quillt, das Olivenöl in einer Pfanne erhitzen. Zucchini, Karotte, rote und gelbe Paprika, und Aubergine hinzufügen und 5-7 Minuten anbraten, bis sie weich und leicht gebräunt sind.

3. Kreuzkümmel und Paprika hinzufügen, umrühren und weitere 2 Minuten kochen. Mit Salz und Pfeffer abschmecken.

4. Den fertigen Couscous mit einer Gabel auflockern und das gebratene Gemüse darauf geben.

5. Das Ganze mit der frischen Minze und dem Koriander garnieren.

Zucchininudeln mit Avocado-Pesto

Zubereitungszeit: 15 Minuten
Portionen: 1 Person

Zutaten:

- 1 mittelgroße Zucchini, gewaschen und Enden entfernt
- 1 reife Avocado, geschält und entkernt
- 10 g frische Basilikumblätter, gewaschen
- 1 EL Pinienkerne, leicht geröstet
- 1 Knoblauchzehe, geschält und gehackt
- 30 ml natives Olivenöl extra
- Salz und Pfeffer nach Geschmack
- 1 TL Bio-Zitronensaft, frisch gepresst
- 2 Kirschtomaten, gewaschen und halbiert

Zubereitung:

1. Verwende einen Spiralschneider, um die Zucchini in „Nudeln" zu verwandeln. Lege sie zur Seite.

2. Gib die Avocado, das Basilikum, die Pinienkerne, den gehackten Knoblauch, das Olivenöl, den Zitronensaft, Salz und Pfeffer in eine Küchenmaschine oder einen Mixer. Mixe alles, bis ein cremiges Pesto entsteht.

3. Vermische die Zucchininudeln mit dem Avocado-Pesto in einer Schüssel, bis alle Nudeln gut bedeckt sind.

4. Verteile die Kirschtomaten über den Zucchininudeln. Guten Appetit.

Knoblauch-Pilz-Risotto

Zubereitungszeit: 35 Minuten
Portionen: 1 Person

Zutaten:

- 70 g Arborio Reis
- 200 g gemischte Pilze, frisch, geschnitten
- 3 Knoblauchzehen, gehackt
- 1 Schalotte, gewürfelt
- 500 ml Gemüsebrühe
- 1 EL natives Olivenöl extra
- 50 ml trockener Weißwein
- Salz und schwarzer Pfeffer nach Geschmack
- 1 EL frisch gehackte Petersilie
- 1 TL frisch geriebene Bio-Zitronenschale

Zubereitung:

1. Erhitze das Olivenöl in einer Pfanne bei mittlerer Hitze. Füge die Schalotte hinzu und dünste sie, bis sie glasig ist.

2. Gib den Knoblauch hinzu und dünste weiter, bis er duftend ist. Achte darauf, dass der Knoblauch nicht verbrennt.

3. Füge die Pilze hinzu und koche sie, bis sie weich sind und ihre Feuchtigkeit verloren haben.

4. Gib den Reis hinzu und röste ihn kurz an, bis er glänzt.

5. Gieße den Weißwein in die Pfanne und lass ihn einziehen.

6. Beginne nun, die Brühe schrittweise hinzuzufügen. Gib immer nur so viel Brühe hinzu, dass der Reis gerade bedeckt ist. Rühre kontinuierlich um, bis die Brühe aufgesogen ist, und füge dann die nächste Portion hinzu. Wiederhole diesen Vorgang, bis der Reis weich ist, aber noch Biss hat.

7. Würze das Risotto mit Salz und Pfeffer und rühre die frische Petersilie unter.

8. Zuletzt gibst du die geriebene Zitronenschale dazu und rührst gut um. Guten Appetit!

Gefüllte Paprika mit Quinoa und Pinienkernen

Zubereitungszeit: 35 Minuten
Portionen: 1 Person

Zutaten:

- 1 mittelgroße rote Paprika, halbiert und entkernt
- 50 g Quinoa, gewaschen
- 1 EL natives Olivenöl extra
- 1 kleine rote Zwiebel, fein gewürfelt
- 1 Knoblauchzehe, fein gehackt
- 25 g Pinienkerne
- 200 g passierte Tomaten
- 1 TL getrockneter Oregano
- 1 Prise Meersalz
- Frisch gemahlener schwarzer Pfeffer
- Ein paar Blätter frisches Basilikum, gehackt

Zubereitung:

1. Die Paprika in einer ofenfesten Form geben und bei 180 Grad im vorgeheizten Ofen etwa 15 Minuten vorbacken.

2. Während die Paprika im Ofen ist, die Quinoa nach Packungsanleitung kochen.

3. Parallel dazu das Olivenöl in einer Pfanne erhitzen und die Zwiebel sowie den Knoblauch darin andünsten.

4. Die Pinienkerne hinzufügen und unter Rühren goldbraun rösten.

5. Die gekochte Quinoa, die passierten Tomaten und den Oregano in die Pfanne geben. Mit Salz und Pfeffer abschmecken und alles gut vermischen.

6. Die Mischung in die vorgebackene Paprika füllen und nochmals 15 Minuten backen.

7. Vor dem Servieren mit frischem Basilikum bestreuen.

Tomaten-Oliven-Focaccia

Zubereitungszeit: 40 Minuten
Portionen: 1 Person

Zutaten:

- 150 g Weizenmehl
- 100 ml lauwarmes Wasser
- 1 TL Trockenhefe
- 1/2 TL Salz
- 1 EL natives Olivenöl extra
- 1 reife Tomate, in Scheiben geschnitten
- 10 grüne Oliven, entkernt und halbiert
- 2 frische Basilikumblätter, grob gehackt
- 1 TL getrockneter Oregano
- Eine Prise Meersalz

Zubereitung:

1. Vermische das Mehl mit der Trockenhefe in einer Schüssel. Gib das Salz dazu und vermische alles gut.

2. Füge nun das lauwarme Wasser und das Olivenöl hinzu und knete den Teig etwa 5 Minuten lang, bis er geschmeidig und elastisch ist. Decke die Schüssel ab und lass den Teig an einem warmen Ort etwa 30 Minuten gehen, bis er sich verdoppelt hat.

3. Heize den Backofen auf 220 Grad vor.

4. Forme aus dem aufgegangenen Teig eine runde oder ovale Fläche und lege sie auf ein mit Backpapier ausgelegtes Backblech. Drücke mit den Fingerspitzen Vertiefungen in den Teig.

5. Verteile die Tomatenscheiben und die halbierten Oliven gleichmäßig auf dem Teig. Bestreue das Ganze mit dem gehackten Basilikum, dem Oregano und einer Prise Meersalz.

6. Backe die Focaccia im vorgeheizten Ofen etwa 20 Minuten, bis sie goldbraun ist. Lass sie vor dem Servieren etwas abkühlen.

Bohneneintopf mit Salbei

Zubereitungszeit: 30 Minuten
Portionen: 1 Person

Zutaten:

- 100 g getrocknete Cannellini-Bohnen, über Nacht eingeweicht
- 1 EL natives Olivenöl extra
- 1 kleine Zwiebel, gewürfelt
- 1 Karotte, gewürfelt
- 1 Selleriestange, gewürfelt
- 2 Knoblauchzehen, fein gehackt
- 800 ml Gemüsebrühe
- 5 frische Salbeiblätter, fein gehackt
- Salz und Pfeffer zum Abschmecken
- 1 EL Bio-Zitronensaft

Zubereitung:

1. Du erhitzt das Olivenöl in einem großen Topf und gibst die Zwiebel, Karotte und Sellerie hinein. Du lässt das Gemüse unter Rühren für 5 Minuten anbraten, bis es weich wird.

2. Du fügst den Knoblauch hinzu und brätst ihn eine weitere Minute lang mit dem Gemüse an.

3. Nun gibst du die eingeweichten Bohnen, die Gemüsebrühe und den Salbei in den Topf. Du lässt den Eintopf zum Kochen bringen und reduzierst dann die Hitze auf ein leichtes Köcheln. Du deckst den Topf ab und lässt den Eintopf 20 Minuten köcheln, bis die Bohnen weich sind.

4. Zum Schluss würzt du den Eintopf mit Salz, Pfeffer und gibst den Zitronensaft dazu. Dann den Herd ausschalten und den Eintopf noch ein paar Minuten ziehen lassen.

Veganer Schokoladenkuchen

Zubereitungszeit: 40 Minuten
Portionen: 1 Person

Zutaten:

- 60 ml natives Olivenöl extra, plus etwas mehr zum Einfetten der Form
- 30 g Kakaopulver
- 80 ml heißes Wasser
- 100 g Vollkornmehl
- 1/2 TL Backpulver
- 50 g Zucker
- 1 TL Vanilleextrakt
- 1/2 TL Apfelessig
- Prise Salz
- 1 EL Mandelmilch

Zubereitung:

1. Den Ofen auf 180 Grad vorheizen und eine Kuchenform von 15 cm Durchmesser mit Olivenöl einfetten.

2. In einer mittelgroßen Schüssel Kakaopulver und heißes Wasser vermischen, bis eine glatte Schokoladenpaste entsteht.

3. Olivenöl, Zucker, Vanilleextrakt und Apfelessig hinzufügen und gut verrühren.

4. In einer separaten Schüssel Mehl, Backpulver und Salz vermischen. Die trockenen Zutaten zur Schokoladenmischung hinzufügen und unter Rühren die Mandelmilch hinzufügen. Weiter rühren, bis ein glatter Teig entsteht.

5. Den Teig in die vorbereitete Kuchenform geben und im Ofen 25-30 Minuten backen, oder bis ein Zahnstocher sauber herauskommt.

6. Den Kuchen aus dem Ofen nehmen und vollständig abkühlen lassen, bevor du ihn aus der Form löst.

Getränke und Cocktails

Spanischer Sangria mit frischen Früchten

Zubereitungszeit: 15 Minuten
Portionen: 1 Getränk

Zutaten:
- 120 ml trockener Rotwein
- 30 ml Orangenlikör, z.b. wie Grand Marnier
- 30 ml Brandy
- 2 EL frisch gepresster Bio-Orangensaft
- 1 EL frisch gepresster Bio-Zitronensaft
- 1 EL Zucker
- 2 Eiswürfel
- Frische Früchte zur Dekoration (Erdbeeren, Orangenscheiben, Zitronenscheiben)

Zubereitung:
1. Nimm eine große Glas, und gib den Zucker hinein. Über den Zucker gieße den frisch gepressten Orangensaft und Zitronensaft. Mit einem Löffel gut umrühren, bis der Zucker sich auflöst.

2. Füge den Orangenlikör und den Brandy zum Glas hinzu. Rühre noch einmal gut um, damit sich alle Flüssigkeiten gut vermischen.

3. Nun gib den Rotwein in das Glas. Nochmals gut umrühren, sodass alle Zutaten gut vermischt sind.

4. Füge zwei Eiswürfel hinzu, um den Sangria zu kühlen.

5. Zum Schluss dekoriere das Glas mit den frischen Früchten deiner Wahl.

Mediterraner Mojito

Zubereitungszeit: 5 Minuten
Portionen: 1 Getränk

Zutaten:

- 60 ml weißer Rum
- 1 TL frischer Thymian, fein gehackt
- 10 frische Minzblätter
- 1/2 Bio-Zitrone, in Scheiben geschnitten
- 2 TL Zucker
- 150 ml sprudelndes Mineralwasser
- Eiswürfel nach Belieben
- Eine Scheibe Bio-Zitrone und ein Zweig Thymian für die Dekoration

Zubereitung:

1. Nimm ein hohes Glas und gib den fein gehackten Thymian, die Minzblätter und den Zucker hinein.
2. Nutze einen Stößel oder Löffelrücken, um die Zutaten am Boden des Glases zu zerdrücken, bis der Zucker sich größtenteils aufgelöst hat und die Kräuter ihren Duft freigeben.
3. Füge die Zitronenscheiben hinzu und zerdrücke sie leicht, um den Saft freizusetzen.
4. Gib den weißen Rum hinzu und rühre gut um.
5. Fülle das Glas bis zum Rand mit Eiswürfeln auf und gieße das sprudelnde Mineralwasser hinzu. Rühre vorsichtig um, um alles zu vermischen.
6. Dekoriere den Cocktail mit einer Zitronenscheibe und einem frischen Thymianzweig.

Zitronen-Basilikum Limonade

Zubereitungszeit: 10 Minuten
Portionen: 1 Getränk

Zutaten:

- 1 große Bio-Zitrone, ausgepresst
- 1 EL Zucker
- 5 frische Basilikumblätter, gewaschen und gezupft
- 200 ml kaltes Wasser
- Eiswürfel

Zubereitung:

1. Du beginnst damit, den Zucker und das Wasser in einem kleinen Topf zu vermischen. Erhitze es auf mittlerer Stufe und rühre gelegentlich um, bis der Zucker vollständig aufgelöst ist. Dann lässt du die Mischung abkühlen.

2. Jetzt nimmst du die Basilikumblätter und zerreibst sie zwischen deinen Händen, um das Aroma freizusetzen. Du kannst sie dann in dein Glas geben.

3. Presse die Zitrone aus und siebe den Saft, um eventuelle Kerne zu entfernen. Gib den frischen Zitronensaft in das Glas mit dem Basilikum.

4. Nun gießt du das abgekühlte Zuckerwasser dazu und rührst alles gut um.

5. Zum Schluss fügst du noch ein paar Eiswürfel hinzu und rührst erneut, bis die Limonade gut gekühlt ist.

Griechischer Frappé

Zubereitungszeit: 5 Minuten
Portionen: 1 Getränk

Zutaten:

- 2 TL löslicher Kaffee
- 2 TL weißer Zucker
- 50 ml kaltes Wasser
- 200 ml kalte Milch
- 4 Eiswürfel
- Frische Minzblätter zur Garnitur

Zubereitung:

1. Nimm zuerst ein hohes, schmales Glas und gib dort den löslichen Kaffee, den Zucker und das kalte Wasser hinein.

2. Dann rühre die Mischung mit einem Löffel um, bis sich Kaffee und Zucker gut aufgelöst haben.

3. Jetzt kommt der spannende Teil: Mit einem Pürierstab oder einem elektrischen Handmixer schlägst du die Mischung für etwa 2 Minuten auf höchster Stufe, bis ein dicker Schaum entsteht.

4. Anschließend füllst du das Glas vorsichtig mit der kalten Milch auf und gibst die Eiswürfel hinzu.

5. Rühre den Frappé noch einmal gut um und garniere ihn zum Schluss mit frischen Minzblättern.

Französischer Lavendel-Cocktail

Zubereitungszeit: 10 Minuten
Portionen: 1 Getränk

Zutaten:

- 60 ml Gin (am besten ein trockener französischer)
- 30 ml frischer Bio-Zitronensaft
- 15 ml Lavendelsirup
- 3-4 frische Lavendelblüten zur Dekoration
- Eiswürfel

Zubereitung:

1. Nimm ein Cocktailglas und fülle es zur Hälfte mit Eiswürfeln.

2. Gib den Gin, den frischen Zitronensaft und den Lavendelsirup hinzu.

3. Rühre die Zutaten vorsichtig um, bis sie gut vermischt sind.

4. Gib die Lavendelblüten zur Dekoration obendrauf.

Türkischer Apfeltee mit Zimt

Zubereitungszeit: 10 Minuten
Portionen: 1 Getränk

Zutaten:

- 1 Apfel, fein gerieben
- 1 TL Zimt
- 1 EL Honig
- 1 TL frisch geriebener Ingwer
- 1 Minzzweig, Blätter abgezupft
- 250 ml Wasser
- 1 Bio-Zitronenscheibe

Zubereitung:

1. Setze das Wasser in einem Topf zum Kochen auf.
2. Während das Wasser erhitzt, gib den geriebenen Apfel, Zimt und den geriebenen Ingwer in einen hitzebeständigen Krug oder Becher.
3. Gieße das kochende Wasser über den Apfel und die Gewürze.
4. Lass den Tee 5 Minuten ziehen.
5. Gib den Honig hinzu und rühre gut um, bis er sich vollständig aufgelöst hat.
6. Füge die Zitronenscheibe und Minzblätter hinzu.
7. Lass den Tee nochmal 2 Minuten ziehen.
8. Seihe den Tee in eine Tasse ab. Fertig.

Marokkanischer Minztee

Zubereitungszeit: 10 Minuten
Portionen: 1 Getränk

Zutaten:

- 250 ml Wasser
- 2 TL grüner Tee (Gunpowder)
- 5 frische Minzblätter, gewaschen und leicht angedrückt
- 1 EL Honig
- 1 Bio-Zitronenscheibe, gewaschen
- Eine Prise gemahlener Kardamom

Zubereitung:

1. Wasser in einem kleinen Topf zum Kochen bringen.
2. Den grünen Tee hinzufügen und 1 Minute köcheln lassen.
3. Minzblätter und Zitronenscheibe zum Topf hinzufügen.
4. Auf mittlerer Stufe 3 Minuten weiter köcheln lassen.
5. Honig und eine Prise Kardamom hinzufügen und gut umrühren, bis der Honig sich aufgelöst hat.
6. Den Topf vom Herd nehmen und den Tee 2 Minuten ziehen lassen.
7. Durch ein feines Sieb in eine Tasse gießen.
8. Bei Bedarf kannst du noch ein Minzblatt als Dekoration hinzufügen.

Spanischer Calimocho (Rotwein mit Cola)

Zubereitungszeit: 5 Minuten
Portionen: 1 Getränk

Zutaten:

- 125 ml trockener Rotwein, gut gekühlt
- 100 ml eiskalte Cola
- 10 ml Bio-Zitronensaft, frisch gepresst
- 1 TL Honig
- Eine Prise Meersalz
- 1 Bio-Orangenscheibe, frisch geschnitten
- Einige frische Minzblätter

Zubereitung:

1. Nimm ein Weinglas und gib den Honig sowie die Prise Meersalz hinein.
2. Füge den frisch gepressten Zitronensaft hinzu und verrühre alles gut, bis sich Honig und Salz aufgelöst haben.
3. Gieße den gekühlten Rotwein vorsichtig dazu.
4. Füge die Cola langsam hinzu, um das Sprudeln zu vermeiden.
5. Garniere mit der Orangenscheibe und den frischen Minzblättern.

Griechischer Ouzo

Zubereitungszeit: 5 Minuten
Portionen: 1 Getränk

Zutaten:

- 40 ml Ouzo
- 10 ml frisch gepresster Bio-Zitronensaft
- 2 TL Honig
- 5 Minzblätter, frisch

- 2 Scheiben Bio-Zitrone zur Dekoration
- 190 ml sprudelndes Mineralwasser, kalt
- Eiswürfel

Zubereitung:

1. In ein Cocktailglas einige Eiswürfel geben.

2. Ouzo und frisch gepressten Zitronensaft ins Glas gießen.

3. Honig hinzufügen und vorsichtig umrühren, bis er sich im Getränk aufgelöst hat.

4. Sprudelndes Mineralwasser hinzufügen und leicht umrühren.

5. Mit Minzblättern und Zitronenscheiben dekorieren.

Italienischer Negroni

Zubereitungszeit: 5 Minuten
Portionen: 1 Getränk

Zutaten:

- 30 ml Campari, gut gekühlt
- 30 ml Gin, gut gekühlt
- 30 ml süßer roter Wermut, gut gekühlt
- 1 Bio-Orangenscheibe, frisch
- 1 Zweig Rosmarin, frisch
- Eiswürfel

Zubereitung:

1. Nimm einen gekühlten Tumbler zur Hand und fülle ihn zur Hälfte mit Eiswürfeln.

2. Gieße den Campari, Gin und den süßen roten Wermut über das Eis.

3. Rühre die Mischung vorsichtig mit einem Löffel um, damit sich die Zutaten vermischen.

4. Garniere deinen Negroni mit einer frischen Orangenscheibe und einem Zweig Rosmarin.

Schlusswort

Liebe Leserin, lieber Leser,

es war mir eine Freude, dir diese Vielfalt an Rezepten zu präsentieren, die nicht nur den Gaumen erfreuen, sondern auch das Wohlbefinden unterstützen.

Jedes Rezept in diesem Buch ist mehr als nur eine Anleitung zum Kochen. Sie sind Gedanken, Kreativität und Leidenschaft, gebündelt in der wundervollen Kunst der Zubereitung von Speisen. Essen ist nicht nur eine Notwendigkeit, es ist eine Lebensfreude, ein soziales Erlebnis und eine Möglichkeit, für unser Wohlbefinden zu sorgen.

Egal ob du ein neuer Hobbykoch bist, der gerade erst die Leidenschaft für die Küche entdeckt hat, oder ein erfahrener Profi, der nach neuen Ideen sucht – ich hoffe, dass dieses Buch einen Platz in deinem Herzen und in deiner Küche gefunden hat.

Es war mir ein Vergnügen, diese Rezepte mit dir zu teilen. Bleibe neugierig, kreativ und vor allem – hab Spaß beim Kochen!

Deine Nina Vogt